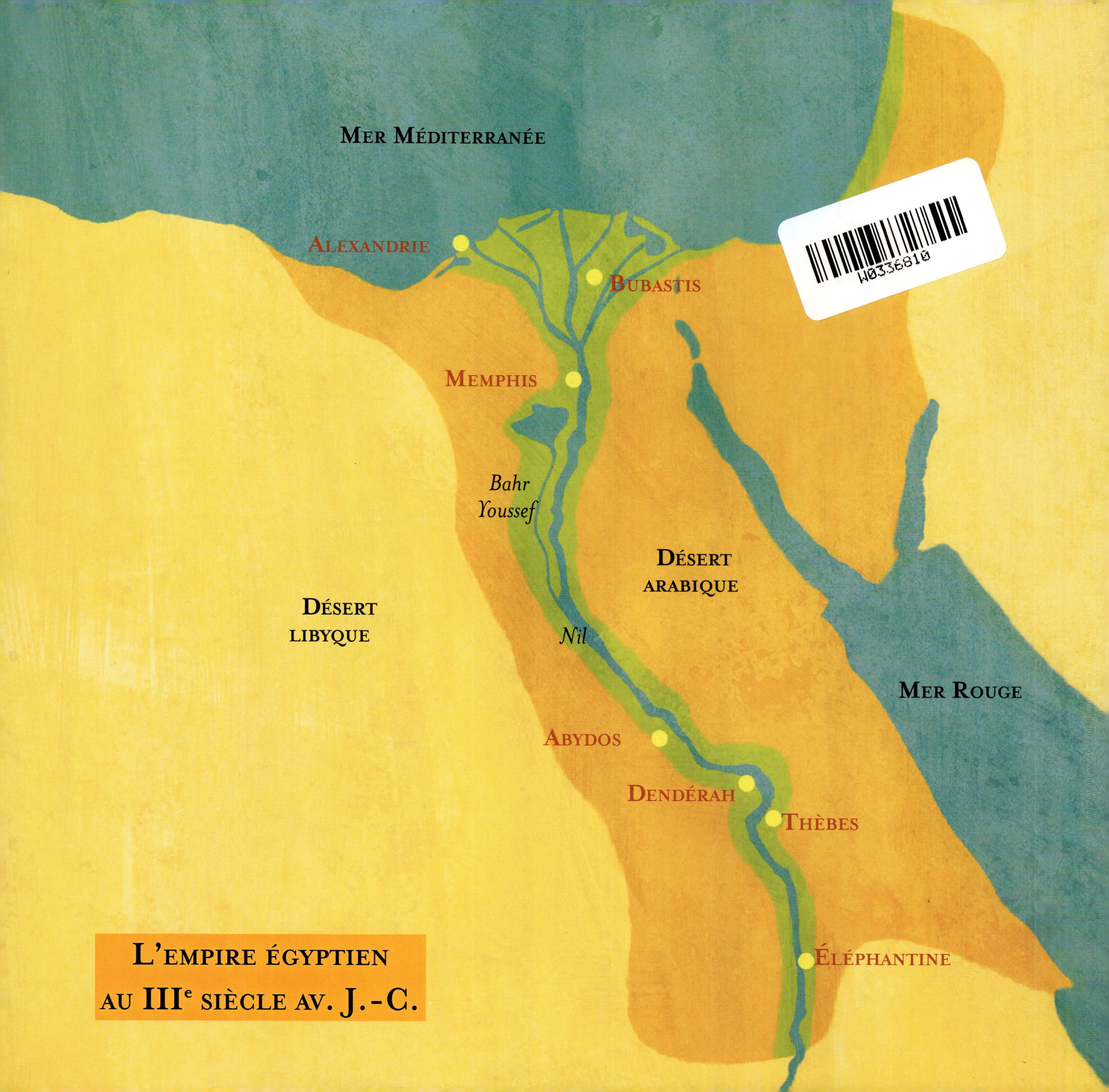

L'empire égyptien au IIIe siècle av. J.-C.

LES DIEUX
RACONTENT

L'ÉGYPTE

ANTIQUE

Texte : Hector Wenzel

Illustrations : Yasmine Gateau

MILAN

La civilisation égyptienne a duré plus de trois mille ans, depuis le règne du premier *pharaon Narmer, vers 3 100 avant J.-C., jusqu'à la mort de la reine Cléopâtre en 30 avant J.-C. Au cours de ces trois millénaires, la religion et les mythes ont beaucoup évolué. Certains dieux d'abord secondaires ont acquis de nouvelles fonctions et sont passés au premier plan, tandis que d'autres ont été rétrogradés. Les Égyptiens n'ont jamais eu une seule religion unifiée. Chaque ville avait ses propres mythes et les fonctions d'un même dieu pouvaient varier d'un sanctuaire à l'autre. Mais malgré ces différences, suivant les lieux et les époques, nous connaissons aujourd'hui les principales qualités de nombreuses divinités. C'est le cas des 17 dieux que nous avons choisi de présenter dans ce livre.*

Chacun d'eux correspondait pour les Égyptiens à des aspects de leur civilisation : Osiris, dieu des morts, régnait sur le Paradis ; Thot, dieu de l'intelligence et de l'écriture était craint des scribes ; Maât, déesse de l'équilibre imposait ses règles aux artistes…

Ainsi, à travers l'histoire de leurs dieux, nous pouvons découvrir la vie des Égyptiens et combien leurs croyances étaient liées à leur quotidien.

AVERTISSEMENT : LES DATES CITÉES DANS CET OUVRAGE S'ENTENDENT AVANT J.-C., SAUF MENTION CONTRAIRE OU XIXe SIÈCLE.

SOMMAIRE

« Je suis Atoum, le tout premier

créateur du monde, des hommes et du Nil. À l'origine, je flottais dans une eau noire, boueuse et chaotique que les Égyptiens appelaient le « Noun ». Je n'avais aucune forme précise, mais j'avais conscience de moi.

À un certain moment, j'ai réuni de la boue et de l'eau, formant ainsi une île. Puis, je suis sorti de l'eau pour contempler mon œuvre. Je me suis assis sur mon île et, d'un coup, je me suis senti seul. Alors, j'ai décidé de créer d'autres dieux.

J'ai donné naissance à **Chou**, dieu de l'air et des vents, et à **Tefnout**, déesse de l'humidité et de l'eau. Ils ont formé le premier couple et ont eu deux enfants célèbres : **Geb**, la terre, et **Nout**, le ciel. J'ai aussi créé **Thot**, dieu de la magie et de l'écriture, et d'autres divinités encore comme **Hathor** et **Sekhmet**. Puis, devant leurs yeux émerveillés, j'ai fait apparaître les montagnes, le désert, les plantes, les arbres, les fleurs et les animaux. De mes pleurs enfin, j'ai fait naître les premiers hommes et les premières femmes. Et pour subvenir à leurs besoins, j'ai créé le Nil, ce long fleuve qui baigne l'Égypte et rend possible l'agriculture. Une fois le monde créé, j'ai pris la forme du dieu Soleil, **Rê**, et je suis monté dans le ciel où j'ai établi mon royaume éternel.

Mais le « Noun » n'a pas tout à fait disparu. La mer est ce qu'il en reste, et des monstres peuvent en sortir pour attaquer l'Égypte. Je dois donc défendre ma création. Pour cela, je peux prendre plusieurs formes. J'ai souvent l'apparence d'un pharaon, roi du monde, couronné du « pschent ». Je me métamorphose en anguille et en cercopithèque, un singe à longue queue, armé d'un arc et de flèches, prêt à tirer sur mes ennemis. Je peux aussi me transformer en ichneumon, cette sorte de mangouste qui dévore les serpents. C'est sous cette forme que je me bats contre **Apopis**, l'immonde serpent

- **NOM** : Atoum
- **ENFANTS** : Chou, Tefnout, Thot, Sekhmet, Hathor, Maât
- **FONCTION** : créateur du monde, des hommes et du Nil
- **CARACTÉRISTIQUES** : charge Hâpy de surveiller la crue du Nil, se métamorphose en ichneumon pour protéger le monde
- **ATTRIBUTS** : l'arc et les flèches, le disque solaire

dieu, géant sorti du « Noun » qui menace chaque jour de détruire le monde.

Ainsi, grâce à mon histoire, les Égyptiens s'expliquent la naissance du monde, l'origine du Nil et les débuts de la nature qui les entoure. »

Les humains et moi

Moi, Atoum, je suis un grand dieu sur lequel il faut compter ! C'est à moi que les Égyptiens ont attribué la création des hommes, de l'Égypte, de sa faune et de sa flore. Mais surtout, ils ont bien compris que c'était le Nil qui leur permettait de vivre. Ils ont donc fait de ce grand fleuve l'élément central de toutes mes créations. Eh oui ! C'est moi qui fais déborder le Nil une fois par an pour que sa crue fertilise les terres. C'est ainsi que j'assure aux humains leur subsistance : ils peuvent s'adonner à la culture des fruits et des céréales ; ils ont de l'eau pour boire et pour abreuver leurs bêtes. J'ai chargé le génie **Hâpy**, mon serviteur, de veiller chaque année à la montée régulière des eaux argileuses du fleuve, afin que les champs fertilisés produisent de belles récoltes.

Mais je suis aussi très capricieux. Je fais varier le niveau de la crue d'une année à l'autre, selon mon humeur. Les Égyptiens ont intérêt à me faire de nombreuses offrandes, sans quoi je peux décider de retenir les eaux du Nil et provoquer de terribles sécheresses. Ah ! les paysans sont d'infatigables travailleurs dont les prouesses m'étonnent sans cesse. Même en cas de pénurie d'eau, ils réussissent à irriguer leurs champs, tant bien que mal, en creusant des canaux ou en transportant l'eau du Nil dans des seaux. Finalement, je les admire beaucoup ces êtres humains. Moi, le dieu de la création, j'en suis très fier !

LES ÉGYPTIENS ET LE NIL

« L'ÉGYPTE EST UN DON DU NIL. » SANS LE FLEUVE, LE PAYS NE SERAIT QU'UN IMMENSE DÉSERT. LES TRAVAUX AGRICOLES SONT RENDUS POSSIBLES GRÂCE À LA CRUE DU NIL. LE FLEUVE OFFRE AUSSI AUX PAYSANS LES POISSONS QUI CONSTITUENT LEUR NOURRITURE.

Le Nil est le plus long fleuve africain. Il compte environ 6 700 km entre ses sources, dans le lac Victoria, et la mer Méditerranée où il se jette, au nord de l'Égypte. Chaque année, au mois de juin, son cours est grossi par des pluies ainsi que par la fonte des neiges d'Éthiopie. Il déborde et, pendant quatre mois, recouvre de ses eaux les terres d'Égypte.

Une crue annuelle

Pendant la crue, les villages construits sur de petites buttes prennent l'apparence d'îlots. Lorsqu'en septembre le fleuve commence à se retirer, l'inondation a effacé tous les repères. Il faut alors remettre en place les bornes qui délimitent les champs. Les cordes pour mesurer les parcelles sont la propriété du pharaon et seuls les scribes ont le droit de les utiliser.

Calculs d'impôts

Le Nil joue aussi un rôle dans l'évaluation du montant des impôts à payer chaque année. La somme qui sera exigée des travailleurs égyptiens dépend de la hauteur de la crue. Plus il y a d'eau, plus les taxes sont élevées, car on considère que si la crue est haute, les paysans ont à fournir moins d'efforts pour irriguer leurs champs. Par contre, en cas de sécheresse, les impôts sont diminués, voire supprimés pour l'année.

Du nilomètre au delta

Le niveau de l'eau est examiné par des scribes, sur l'île Éléphantine, au sud du pays, près de la première cataracte. Un bassin alimenté par le fleuve y a été aménagé. On le nomme nilomètre, car il permet de mesurer la quantité d'eau qui s'écoule en direction des terres agricoles du nord. Au nord de l'Égypte, la vallée du Nil se termine par un delta. De nombreux bras se détachent du cours principal et se jettent dans la Méditerranée. Extrêmement bien irrigué, le delta est la région la plus fertile du pays.

Une réserve de nourriture

Le Nil sert à l'alimentation des paysans et des pauvres. Ceux-ci profitent de leurs rares moments de loisir pour aller pêcher dans le grand fleuve le complément indispensable à leur alimentation, car leur salaire annuel, payé en céréales, n'est pas très élevé. Le poisson est une nourriture gratuite. L'État ne prélève aucune taxe ni droit de pêche. La raison en est simple : manger du poisson est considéré comme dégradant par les scribes. Le pharaon et les prêtres n'ont pas le droit d'en manger. C'est une nourriture impure pour le dieu vivant et les serviteurs du culte.

ATTENTION, DANGER

Le Nil présente un certain nombre de dangers pour les Égyptiens. Le risque de noyade est important, car le cours du fleuve est désordonné et turbulent. Les hippopotames peuvent renverser les barques des pêcheurs. Mais ce sont les crocodiles qui représentent la pire menace pour ceux qui s'aventurent sur le Nil.

▲ ***Hippopotame en faïence bleue. 11ᵉ dynastie.***

◀ Felouques sur le Nil à Assouan (Éléphantine).

▲ Pêche à la senne. Tombe d'Ipouy, Thèbes. Nouvel Empire.

Une pêche miraculeuse

Les paysans égyptiens se nourrissent de poissons qu'ils pêchent dans le Nil et dans ses marais. Ils produisent une sorte de caviar à partir des œufs de muges qu'ils tartinent sur de grands pains ronds. Ils pêchent avec une ficelle pourvue d'un hameçon ou avec un harpon. Ils utilisent aussi des filets et des épuisettes. L'attente n'est jamais longue car les poissons sont très nombreux.

De la nourriture pour tous

Dans les textes des sarcophages, le dieu Atoum raconte comment il a créé la crue du Nil appelée « la grande inondation ». Le but du dieu est d'assurer la subsistance aussi bien du pauvre que du riche Égyptien. Atoum considère que tous les hommes sont égaux.

Puissant et bruyant

Le cours du Nil est très chaotique. Il rencontre sur sa route, au sud de l'Égypte, pas moins de 6 barrières rocheuses qu'on appelle les cataractes. En pénétrant entre les rochers de granit, le Nil produit un bruit fracassant. Les différences de niveaux provoquent d'impressionnantes chutes d'eau.

◀ Représentation du dieu Nil et hiéroglyphes. Temple d'Hathor, Dendérah. Époque ptolémaïque.

Hâpy, le serviteur

Les Égyptiens rendent hommage au génie Hâpy, serviteur d'Atoum, confondu ensuite avec le Nil divinisé. C'est un bonhomme avec un gros ventre qui déborde comme les eaux du fleuve en période de crue. Il a aussi des seins qui représentent la fertilité qu'il apporte à la terre d'Égypte.

« Je suis Rê, le dieu du soleil,

▲ **NOM** : Rê
confondu avec Atoum
▲ **ENFANTS** : Chou, Tefnout, Thot, Sekhmet, Hathor, Maât
▲ **FONCTION** :
dieu du soleil
▲ **CARACTÉRISTIQUE** :
dieu suprême, créateur du monde
▲ **ATTRIBUTS** :
le disque solaire, la barque céleste

le dieu de la principale forme du soleil : l'astre du jour au zénith. Je suis le dieu suprême des Égyptiens. Dans la journée, je prends trois formes successives : le scarabée **Khépri** le matin, **Rê** dans la journée et **Atoum** le soir. La nuit, je voyage en sens inverse à l'intérieur du corps de **Nout**, ma petite-fille. Je suis le dieu de l'évolution et du temps que j'ai créés. C'est d'ailleurs à cause du temps, auquel je suis moi-même soumis, que j'ai vieilli.

J'ai autrefois gouverné les dieux et les hommes. Une affaire bien difficile ! Lorsque ce n'était pas les hommes qui se révoltaient, c'était les dieux qui complotaient contre moi pour s'emparer de mon trône ! Après un très long règne, j'ai commencé à faiblir.

C'est alors qu'**Isis** m'a joué un bien mauvais tour. Elle a façonné un serpent en argile auquel elle a insufflé la vie. Elle l'a placé sur mon chemin. Il m'a mordu, me causant d'horribles souffrances. J'ai hurlé, pleuré. Tous les dieux et les déesses sont venus à mon chevet. **Thot** et **Khonsou** ont tenté de me soigner, mais en vain. Je souffrais toujours plus. **Isis** s'est alors approchée de moi. Elle m'a murmuré à l'oreille qu'elle seule pouvait me sauver, à condition que je lui dise le nom magique, secret de ma puissance.

J'ai essayé de la tromper en lui citant tous les noms par lesquels les hommes me vénèrent. Mais, elle n'était pas dupe. Je souffrais tellement que j'ai fini par céder. Je lui ai révélé la source de mon pouvoir et j'y ai renoncé par la même occasion. **Isis** m'a guéri.

Puis, épuisé par les souffrances que j'avais endurées, je me suis définitivement retiré dans le ciel, pour ne plus jouer que mon rôle de dieu solaire. Cependant, avant de quitter la terre, j'ai désigné les hommes les plus sages pour qu'ils me rendent un culte. C'est ainsi que j'ai créé les premiers prêtres. Je les ai installés dans mon palais d'Héliopolis qui est devenu le premier temple. J'ai décrété que leurs enfants leur succéderaient, et ainsi de suite, pour l'éternité. »

Les humains et moi

Moi, Rê, le dieu suprême, j'ai vraiment beaucoup d'influence sur les Égyptiens. Ils croient que je reviens de temps en temps séjourner dans mon temple d'Héliopolis : c'est pour cela que j'ai besoin de prêtres pour me servir ! Ceux-ci racontent que je me loge dans une statue en bois qu'ils habillent, déshabillent et font mine de nourrir tous les jours, comme une poupée. Ils organisent même de petits spectacles nocturnes avec des prêtresses pour me divertir. Je suis vraiment gâté, bichonné ! Le service est impeccable !

Mais les prêtres profitent eux aussi de la situation. Ils se servent de moi comme prétexte pour justifier leur pouvoir, leur richesse et leur emprise sur le peuple. En cas de contestation, ils s'en sortent toujours à bon compte, puisqu'ils n'ont qu'à faire parler ma statue qui, bien évidemment, ne dit que ce qui les arrange ! Ces prêtres sont de vrais hypocrites. Ils prétendent que j'ai décrété, avant de quitter la terre, qu'ils ne devaient manquer de rien. Du coup, ils exploitent sans scrupules des milliers de paysans qu'ils font travailler sur des terres dont je suis, soi-disant, le propriétaire, alors que c'est eux seuls qui en récoltent tous les profits. Les hommes ne sont pas si sages que je le croyais, mais je continue à les éclairer... Je suis un dieu juste, moi !

LES ÉGYPTIENS ET LES PRÊTRES

LES PRÊTRES SONT CONSIDÉRÉS COMME LES SERVITEURS DU DIEU DANS SON TEMPLE. ILS APPARTIENNENT À UNE CASTE TRÈS HIÉRARCHISÉE ET SE SUCCÈDENT LE PLUS SOUVENT DE PÈRE EN FILS. IL Y A PARMI EUX AUTANT D'HOMMES QUE DE FEMMES.

À l'exemple de Rê, monté dans le ciel, puis d'Osiris parti dans l'Au-delà, les Égyptiens pensent que les dieux ont quitté l'Égypte, mais qu'ils y possèdent toujours des palais, des temples où ils peuvent venir séjourner. Et cela surtout à l'occasion de certaines fêtes. Les dieux ont donc besoin de serviteurs terrestres. Ce rôle est joué par le clergé qui se consacre au service et au divertissement de leurs maîtres divins.

Un grand prêtre tout-puissant

Chaque temple est dirigé par un grand prêtre. C'est lui qui organise le culte et fixe les dates des fêtes. Il gère aussi l'exploitation de domaines agricoles attenant au temple, ainsi que divers ateliers d'artisanat censés appartenir au dieu. Les revenus de ces différentes activités permettent de financer le culte. Le grand prêtre a sous ses ordres les scribes du temple, les prêtres momificateurs et les médecins, ainsi qu'une foule d'employés subalternes chargés du nettoyage des lieux.

Des règles strictes

Les prêtres observent des règles de pureté rituelle. Ils doivent se baigner dans la piscine du temple tous les matins et se raser entièrement le corps. Ils mettent chaque jour un vêtement de lin propre. Le grand prêtre est reconnaissable à la peau de léopard qu'il place sur ses épaules pour les grandes cérémonies. Les prêtres rendent chaque jour hommage à la statue du dieu placée dans la salle la plus sacrée du temple, appelée « Saint des Saints ». Ils le traitent comme leur roi.

Tout un programme

Le matin, les prêtres apportent au dieu son petit-déjeuner. Un deuxième repas lui est servi à midi et un dîner le soir. En fait, ce sont eux qui mangent les plats cuisinés pour lui ! Les prêtres changent aussi chaque jour le vêtement de l'idole divine. En fin de soirée, le dieu a droit à des divertissements : des prêtresses musiciennes lui chantent des chansons et exécutent des danses devant sa statue.

Les fidèles à l'extérieur

Le peuple n'a pas le droit d'entrer dans le temple pour assister à toutes ces cérémonies quotidiennes. Il doit attendre les sorties du dieu lors des grandes fêtes. À cette occasion, les prêtres portent l'idole divine en procession hors du temple. Le dieu peut même voyager : la statue est parfois embarquée sur un navire qui part en croisière sur le Nil. De nombreux fidèles l'accueillent à chacune de ses étapes. L'idole divine fait de nombreux arrêts, ainsi le peuple peut la vénérer. Le soir, la statue passe la nuit dans le temple d'un autre dieu qui l'héberge.

▲ ***Statue de Nakhthorheb, « chef des prêtres » 26e dynastie.***

DES PRIVILÉGIÉS !

Seuls les grands prêtres et les membres du haut clergé ont le droit d'apporter au dieu ses repas et de changer ses vêtements. Les grandes prêtresses peuvent même embrasser l'idole divine. Mais les autres prêtres se contentent de faire le ménage. Ils leur est interdit de toucher la statue.

UNE EXPLICATION DIVINE

Les Égyptiens expliquent les éclipses solaires par une terrible bataille opposant Rê à Apopis. Lorsque le soleil est voilé par la lune, les hommes sont persuadés qu'Apopis a pris le dessus sur le soleil, mais pour une courte durée.

▲ Temple d'Amon-Rê. Pylône de Ramsès II. Louxor. 18e dynastie.

▲ Prêtres pratiquant une purification. Deir el Medineh, nécropole des artisans. 19e dynastie.

Prêts à tout

Les Égyptiens attendent avec impatience la sortie de leurs dieux. C'est pour eux la seule occasion d'apercevoir les idoles divines. De nombreux fidèles passent la nuit au pied du pylône, la porte monumentale du sanctuaire, dans l'espoir d'être bien placés dans la procession du lendemain.

Un symbole fort

Khépri, le scarabée, dont le nom signifie « Devenir », incarne la forme matinale du soleil. Les Égyptiens sont fascinés par l'évolution rapide du coléoptère qui passe en peu de temps de l'état de larve à celui d'insecte. Le scarabée est aussi capable de faire rouler devant lui une boule de bouse de vache qui a la forme du disque solaire.

▲ Décoration de pectoral en forme de scarabée (Khépri), provenant de la tombe de Toutankhamon. 18e dynastie.

Les barques divines

Rê possède deux barques pour se déplacer. Le jour, il prend place sur Mândjet, la barque d'or, et la nuit, il navigue sur Mesketet. Il traverse alors le ventre de Nout qui l'avale pour le remettre au monde chaque matin. L'alternance des deux barques correspond à la succession du jour et de la nuit.

Deux dieux pour un

Au Nouvel Empire, Rê, dieu d'Héliopolis en Basse-Égypte, est confondu avec Amon, le grand dieu de Thèbes, capitale de la Haute-Égypte et protecteur des pharaons de la 18e dynastie. On nomme ce nouveau grand dieu : Amon-Rê. Il incarne la réunion des deux régions de l'Égypte.

« Je suis Chou, le dieu de l'air,

- **NOM** : Chou
- **PÈRE** : Atoum
- **FRÈRES ET SŒURS** : Tefnout, Thot, Sekhmet, Hathor, Maât
- **ÉPOUSE** : Tefnout
- **ENFANTS** : Geb et Nout
- **FONCTIONS** : dieu de l'air, des vents, du souffle et de la vie
- **CARACTÉRISTIQUES** : maintient la séparation entre la terre et le ciel, favorise les travaux agricoles
- **ATTRIBUTS** : 1 ou 4 grandes plumes représentant les Quatre Vents

je suis le maître des Quatre Vents qui soufflent sur l'Égypte depuis les 4 points cardinaux. Lorsque mon père, **Atoum**, est sorti du « Noun », il a décidé de ne plus être seul. Alors, il a craché deux fois dans l'eau. C'est comme cela que ma sœur, **Tefnout**, la déesse de l'humidité, et moi-même sommes nés. En fait, je suis le premier enfant du monde, puisque mon père s'est créé lui-même, sans parents. Il paraît que je n'ai pas été porté dans son ventre, mais dans son cœur. On dit aussi que ma sœur et moi sommes sortis de ses deux narines alors qu'il se mouchait ! Il n'a jamais voulu nous dire la vérité...

Peu de temps après notre naissance, alors que nous étions en train de jouer ensemble, **Tefnout** et moi sommes tombés dans la mer, qui est ce qui reste du « Noun ». **Atoum**, affolé, s'est mis à crier et à pleurer, persuadé que nous allions être dévorés par un monstre marin. Des larmes de notre père sont nés les premiers hommes et les premières femmes. Puis, ma sœur et moi avons refait surface. **Atoum**, fou de joie, nous a aussitôt tirés de l'eau et nous a formellement interdit, à l'avenir, de nous aventurer en mer.

Ma sœur et moi avons grandi tranquillement. Puis, nous sommes tombés amoureux l'un de l'autre et nous nous sommes mariés. Nous avons eu deux enfants : **Geb**, la terre, et **Nout**, le ciel.

Alors, j'ai créé l'espace en me dressant entre ma fille et mon fils. J'empêche le ciel de tomber sur la terre. Je porte **Nout** au-dessus de moi et je maintiens **Geb** sous mes pieds. Garant de l'ordre du monde, j'évite à mes deux enfants de se rejoindre, car cela provoquerait l'anéantissement de la terre et des hommes.

du souffle et de la vie,

Mon aspect habituel, c'est de ne pas en avoir : je suis invisible comme le souffle du vent et léger comme l'air. Les humains affirment que le souffle du vent n'est autre que la vie elle-même. Ils n'ont pas tort, car sans moi ils ne pourraient même pas respirer.

Depuis que mon père, **Atoum**, est parti s'installer dans le ciel, son royaume éternel, c'est moi qui veille sur la vie du monde et des hommes qu'il a créés. »

Les humains et moi

Moi, Chou, je suis le maître des vents et c'est vraiment grâce à moi que l'agriculture est possible dans la vallée du Nil. Comme le pensent les Égyptiens - et ils n'ont pas tort !- l'eau ne suffit pas pour que les céréales et les autres plantes se développent. Les vents aussi jouent leur rôle en dispersant les graines.

Mon souffle est fabuleux, non ? Avec lui, je rafraîchis l'air, je chasse les insectes et les maladies qui frappent les hommes, les animaux et les cultures. Et surtout, j'empêche les grandes sécheresses qui, dans tant d'autres pays, causent de terribles famines et provoquent la mort de nombreux humains. Grâce à moi, tout le monde peut vivre et respirer dans la vallée du Nil : les humains bien sûr, mais aussi toutes les bêtes qui les aident chaque jour dans leurs travaux. C'est pour cela qu'il n'y a jamais eu de fréquentes famines en Égypte. Au contraire, les récoltes de céréales sont souvent excédentaires et elles sont revendues par le pharaon aux peuples voisins.

Les Égyptiens m'adorent, car c'est moi qui permets à leur beau pays de continuer son existence rythmée par les travaux agricoles. Et c'est bien vrai que je favorise l'agriculture, en facilitant la dure existence des paysans. Que personne ne me conteste ma place de maître des travaux des champs !

LES ÉGYPTIENS ET L'AGRICULTURE

L'agriculture est la principale occupation des Égyptiens. Les semailles ont lieu en septembre, dès que l'eau du Nil s'est retirée de la vallée. Il peut y avoir plusieurs récoltes dans l'année.

L'Égypte est un très riche terroir, mais l'essentiel de sa production revient au pharaon qui est considéré comme le seul propriétaire du pays, du Nil et même des hommes. Les paysans travaillent très dur dans les champs, de septembre à juin. Ils ne reçoivent qu'un maigre salaire en nature, prélevé sur leurs productions.

Du blé et de l'orge

La crue annuelle du Nil rend l'Égypte extrêmement fertile. L'agriculture est donc la principale ressource du pays. C'est l'élément central de toute l'économie de l'Égypte antique. Les deux principales cultures sont le blé et l'orge. On les utilise pour fabriquer le pain et la bière qui sont la base de l'alimentation du peuple égyptien.

Un travail très contrôlé

Le pharaon est considéré comme le propriétaire de l'Égypte et de tout ce qui s'y trouve. C'est donc lui qui dirige et surveille, par l'intermédiaire de la caste des scribes, l'ensemble des travaux de ses sujets. Bien que leur vie se déroule au milieu d'une nature ensoleillée et adoucie par le souffle des vents, les paysans sont loin de vivre dans des conditions idylliques. Ils travaillent très dur et sont soumis au contrôle permanent des scribes. Ceux-ci ont le droit de les frapper et de les fouetter, si leurs efforts semblent insuffisants.

Paysan à vie

Les scribes remettent, chaque année, aux paysans égyptiens les graines qu'ils doivent semer. Elles sont prélevées dans des greniers appartenant au pharaon et répartis sur tout le territoire du royaume. La même quantité de semence doit être rendue aux scribes, à la fin de chaque année, par le paysan. Une petite partie de la production, en général moins du tiers, est donnée au travailleur en guise de salaire. Cela lui permet à peine de vivre une année, lui et sa famille. Il ne peut pas faire d'économies pour s'enrichir. On naît paysan, on le reste.

Le trésor du pharaon

Le reste de la production est envoyé par bateau au pharaon qui en dispose à sa guise : il en donne une partie, comme salaire, à son entourage, aux scribes ainsi qu'à ses officiers et à ses soldats. Il vend l'excédent hors du royaume. Les céréales sont pour lui la principale source de revenus. À l'époque des pharaons, la richesse était avant tout agricole.

Des moissons à la main

Les moissons se font en rang de dix ou vingt paysans selon la taille du champ. Rares sont ceux qui disposent d'une faucille, la plupart arrachent les céréales à la main.

▲ **Cueillette et foulage du raisin. Tombe de Nakht. 18e dynastie.**

▲ Travaux des champs : labours, semailles, moisson, transport des gerbes, dépiquage et foulage des grains. Tombe d'Ounsou. 18e dynastie.

Peu de matériel

Lors des vendanges, la cueillette du raisin se fait à mains nues. Les grappes sont placées dans une cuve puis foulées par les paysans, pieds nus.

Chacun sa boisson

L'orge réduite en farine sert à fabriquer la bière, principale boisson des Égyptiens. Le vin, beaucoup plus cher et plus rare, est réservé aux scribes, aux prêtres ainsi qu'au pharaon et à sa cour.

L'aide des animaux

Pour les semailles, les paysans disposent d'une charrue tirée par deux vaches. Le petit bétail, moutons et cochons, suivent la charrue en piétinant la terre pour y enfoncer les grains.

Un contrôle permanent

Les paysans égyptiens sont des serfs royaux. Les terres ne leur appartiennent pas. Ils n'ont le droit de prendre aucune initiative. Même pour creuser un simple canal d'irrigation, ils doivent demander l'autorisation des scribes qui contrôlent leur travail en permanence.

Un engrais très efficace

Lorsqu'il se retire en septembre, après quatre mois de crue, le Nil dépose sur les champs une fine couche de terre noire appelée limon. C'est un mélange de roches réduites en poudre qui fait l'effet d'un engrais et explique l'étonnante fertilité de la vallée du Nil où plusieurs récoltes par an sont possibles.

Scène de labour. ▲
Figurine en bois. Moyen Empire.

« Je suis Nout, la déesse du ciel,

- **NOM** : Nout
- **PÈRE** : Chou
- **MÈRE** : Tefnout
- **ÉPOUX** : Geb
- **ENFANTS** : Osiris, Seth, Isis, Néphtys
- **FONCTIONS** : déesse du ciel et des étoiles, protectrice des voyageurs et des navigateurs
- **CARACTÉRISTIQUES** : mère de tous les astres, incarne la voûte céleste
- **ATTRIBUTS** : des ailes et un corps démesurément allongé arc-bouté au-dessus de la terre

des voyageurs. Je suis la première fille née d'une mère. J'ai été portée dans le ventre de **Tefnout**, enceinte de **Chou**. J'aimais mon frère **Geb**, le dieu de la terre. Mais mon grand-père, **Atoum**, ne voulait pas que nous ayons des enfants, car il savait qu'ils seraient source de problèmes. Alors, il a demandé à **Chou** d'empêcher que nous puissions nous rencontrer.

Un jour, pourtant, j'ai réussi à rejoindre **Geb**, sans que **Chou** s'en aperçoive. Et je suis tombée enceinte de mon frère. Pour me punir, **Atoum**, furieux, m'a interdit d'accoucher pendant les 360 jours de l'année qu'il avait créée. Alors j'ai fait appel à **Thot**, le plus rusé des dieux. En jouant au trictrac contre **Iah**, le dieu de la lune, il a réussi à gagner 5 jours qu'il m'a offerts pour accoucher. C'est comme ça que j'ai donné naissance, sans ressentir aucune douleur, à un beau petit garçon, **Osiris**. Puis **Seth** est violemment sorti de mon ventre en me blessant au passage. Enfin, j'ai accouché de deux très belles filles, **Isis** et **Néphtys**, qui se ressemblent comme des jumelles. Mais dès sa naissance, **Seth** s'est mis à jalouser son frère et les craintes d'**Atoum** n'ont pas tardé à se réaliser.

Après mon accouchement, j'ai repris ma place dans le ciel, soutenue par le souffle de **Chou**. Je suis une femme au corps gigantesque, courbée au-dessus de la terre. Le jour, mon corps est couvert de petits disques qui symbolisent la marche du soleil. La nuit, il est constellé d'étoiles dorées.

Tous les soirs, j'avale mon grand-père, **Atoum**, pour le remettre au monde, comme une mère, tous les matins, sous la forme du scarabée **Khépri**. À ce moment-là, j'avale les étoiles qui, du coup, deviennent invisibles. Je les garde dans mon estomac pendant toute la journée. Je ne les recrache qu'une fois le soir venu, après avoir englouti à leur place le soleil couchant. Telle est mon existence.

des étoiles,

Les voyageurs qui traversent des étendues désertiques et les navigateurs me vénèrent, car c'est grâce à moi qu'ils peuvent s'orienter et poursuivre leur route dans la bonne direction. »

Les humains et moi

Moi, Nout, la déesse des étoiles, je protège ceux qui voyagent sur terre, sur mer ou dans le ciel. Heureusement, car les navigateurs égyptiens sont terrifiés par la mer. Ils croient que c'est ce qui reste du « Noun » qui peut les engloutir à tout moment. Ils se repèrent grâce aux étoiles accrochées à moi ! Les pauvres, ils n'ont pas assez de connaissances géographiques. Ils ne savent pas que la Terre est ronde ! Ils se représentent le Soleil comme le plus grand navigateur qui soit. L'astre est, selon eux, porté par une barque gigantesque qui flotte à travers le ciel.

J'admire le courage des marins égyptiens qui savent dominer leurs peurs. Car les Égyptiens sont de grands navigateurs, comme les Grecs et les Phéniciens. Certes, ils s'éloignent le moins possible des côtes. Mais les plus courageux s'aventurent en haute mer. Ils traversent la Méditerranée d'un seul trait, du delta du Nil à l'île de Crète, ou même jusqu'en Grèce. Les plus admirables sont ceux que le pharaon envoie en expédition en mer Rouge, au Yémen. Leur route est semée de dangers : les eaux qui bordent les côtes de la corne de l'Afrique sont peuplées de monstres !

J'aide aussi l'âme céleste des Égyptiens, le « ba », à s'élever et à rejoindre le navire de **Rê** qui doit les conduire vers l'Au-delà. Aussi me peignent-ils sur les plafonds de leurs tombeaux et sur les couvercles de leurs sarcophages. Ces attentions me touchent beaucoup. Ils sont flatteurs, ces humains !

LES ÉGYPTIENS ET LA NAVIGATION

LA NAVIGATION EN MER A TOUJOURS FAIT PEUR AUX ÉGYPTIENS. POURTANT, DÈS L'ANCIEN EMPIRE, LE PHARAON ENVOIE SES NAVIRES AFFRONTER LA MÉDITERRANÉE ET LA MER ROUGE.

Pour les Égyptiens, la « Grande Verte » est un reste du « Noun », le chaos primordial. L'eau douce du Nil les rassure, mais l'eau salée, impropre à la consommation et à l'agriculture, les inquiète. Ils craignent de mourir engloutis par les vagues et dévorés par des monstres. Il faut dire qu'en dehors de bonnes cartes des côtes et du ciel, ils ne disposent d'aucun instrument de navigation fiable.

Un commerce nécessaire

Les Égyptiens s'aventurent en mer dès l'époque des grandes pyramides. Le pharaon envoie ses navires longer les côtes de la Méditerranée. Au Liban, ils vont chercher du bois de sapin et de cèdre qu'ils échangent contre des céréales, des bijoux ou des vases produits en Égypte. En Syrie, ils achètent le lapis-lazuli, cette précieuse pierre bleue qui orne les parures des riches. Des navires partent aussi en mer Rouge, jusqu'en Érythrée et en Somalie, à la recherche de l'encens et des aromates servant au culte des dieux.

Des techniques très simples

Au Nouvel Empire, les pharaons instaurent un véritable empire sur la Méditerranée orientale. Les routes maritimes permettent de relier plus rapidement que par la terre l'Égypte et ses possessions extérieures. Les pharaons recrutent des marins de la cité phénicienne de Byblos, les meilleurs de l'époque, pour enseigner aux Égyptiens les techniques de navigation en mer. Celles-ci sont rudimentaires : les navigateurs longent les côtes. Ils ne s'aventurent en haute mer que durant l'été, car seule la position des étoiles leur indique la route à suivre.

Les marins du pharaon

Comme les scribes ou les soldats, les marins du pharaon sont des fonctionnaires, les fils succèdent à leurs pères. Leur formation commence dès l'âge de 12 ans ; elle est assurée par les anciens plus expérimentés. Les marins égyptiens sont considérés comme des privilégiés. Avant l'hiver, ils sont démobilisés et peuvent rentrer chez eux. Ils travaillent dur, mais seulement 7 ou 8 mois dans l'année. Ils reçoivent un bon salaire en nature, qui leur permet de faire vivre correctement leur famille. Les officiers de marine possèdent même des fermes et des champs offerts par le pharaon.

Des voyages de plus en plus longs

À la Basse Époque, les relations maritimes s'intensifient avec la Grèce. Les Égyptiens y achètent des armes en fer et embauchent des mercenaires, car les Grecs sont considérés comme d'excellents guerriers. Ils entrent dans la garde personnelle du pharaon. Au VIe siècle, le pharaon Nékao II fait creuser un canal du Nil à la mer Rouge, ancêtre du canal de Suez, puis il envoie une expédition maritime qui réalise, pour la première fois dans l'histoire, le tour complet du continent africain.

DES PORTS INCONTOURNABLES

Les pharaons du Nouvel Empire installent deux ports sur la Méditerranée : Thonis et Canope, au nord-ouest du delta du Nil. Les commerçants qui se rendent en Égypte doivent obligatoirement y passer pour payer des droits de douane sur leurs marchandises. Le port de Thonis, englouti à la suite d'un tremblement de terre, a récemment été fouillé. De nombreuses statues colossales ont été sorties de l'eau.

▲ ***Bas-relief représentant la construction d'une barque en roseaux. Tombe d'un noble, Saqqara. Ancien Empire.***

CARTES, CÔTES ET CIEL

Les Égyptiens ont réalisé des cartes très précises de la côte syro-palestinienne. Ils les utilisent lorsqu'ils pratiquent le cabotage entre Thonis et Byblos. Elles indiquent les nombreux mouillages qui parsèment le littoral. Pour la navigation en haute mer, ils ne disposent pas de boussoles ni d'autres moyens d'orientation que des cartes du ciel indiquant la position des étoiles et leur évolution.

▲ **Bateau sur le Nil. Tombe de Sennefer. 18ᵉ dynastie.**

Des bateaux particuliers

Le pharaon possède de grands navires de 60 mètres de long. Construits en bois de cèdre ou de pin du Liban, ils sont pourvus d'une voile en trapèze, et propulsés par deux rangs de rameurs. Ils transportent des négociants et les soldats qui les protègent des éventuelles attaques de pirates.

Une flotte en évolution

Pour naviguer sur le Nil, les Égyptiens utilisent des embarcations à voile, ancêtres des felouques actuelles, ou encore des petites barques faites en roseaux et en tiges de papyrus. La flotte des pharaons se modernise au VIᵉ siècle, au contact des Grecs. Les Égyptiens adoptent la trière, plus rapide et plus facilement maniable que les navires du Nouvel Empire.

Un fleuve changeant

La navigation sur le Nil n'est pas simple, même si elle inquiète moins les Égyptiens que les voyages maritimes. Les pilotes doivent faire très attention aux courants et aux bancs de sable qui changent sans cesse de place à cause de la crue du fleuve.

Huit génies du temps

Les 8 Hehou, fils et filles de Chou, sont des génies formant quatre couples qui soutiennent chacun une jambe ou un bras de Nout. Ils ont l'apparence de petits personnages qui tiennent dans chaque main le signe hiéroglyphique signifiant « année », car ils personnifient le temps.

Maquette de bateau avec ses marins. 12ᵉ dynastie. ▶

« Je suis Thot, le dieu de l'écriture,

- **NOM** : Thot
- **PÈRE** : Atoum
- **FRÈRES ET SŒURS** : Tefnout, Chou, Sekhmet, Hathor, Maât
- **FONCTIONS** : protecteur de la lune, dieu de l'écriture et de l'intelligence, patron des scribes
- **CARACTÉRISTIQUE** : inventeur de l'écriture
- **ATTRIBUTS** : la palette et le calame de scribe, le croissant de lune

de l'intelligence et le patron des scribes. Je suis directement sorti du cœur de mon père **Atoum**. C'est pour cette raison que, depuis ma naissance, je suis particulièrement doué. Sous l'Ancien Empire, je suis le dieu protecteur d'**Iah**, la lune. On me représente sous la forme d'un ibis, car le bec de cet oiseau a la forme d'un croissant lunaire. Plus tard, à Hermopolis, on me confond avec un ancien dieu local, **Hedjour**, dont j'ai repris l'apparence de babouin.

Lorsque **Nout**, ma nièce, s'est retrouvée enceinte de **Geb**, **Atoum** lui a refusé le droit d'accoucher pendant les 360 jours de l'année qu'il a créée. Il lui avait formellement interdit d'avoir des enfants ! Désespérée, elle m'a appelé à son secours et j'ai accepté de l'aider.

Je suis allé trouver mon protégé, **Iah**, la lune, et je lui ai proposé de faire une partie de trictrac, son jeu préféré : si je gagnais, il devrait me donner des minutes de son temps.

Je l'ai emporté presque à tous les coups ! Les minutes que j'ai gagnées se sont transformées en heures, et les heures en jours. La partie a duré très longtemps. Enfin **Iah**, épuisé, a fini par tomber de sommeil. Je lui ai promis de revenir bientôt pour une nouvelle partie. Puis, j'ai compté mes gains : j'avais réussi à obtenir en tout cinq jours que j'ai offerts à **Nout** pour accoucher. Grâce à moi, elle n'a pas désobéi à son grand-père : elle a mis au monde ses quatre enfants en dehors des 360 jours de l'année solaire !

C'est donc à moi que les hommes doivent l'année de 365 jours. Ils m'attribuent aussi le premier calendrier à partir de l'observation de la succession des phases de la lune. Ces inventions supposent beaucoup de rigueur et de précision, mes deux qualités par excellence ! J'ai aussi inventé l'écriture hiéroglyphique.

C'est un système complexe que seuls les prêtres et les scribes sont capables de maîtriser. C'est cette élite intellectuelle que je protège en priorité et qui me voue un culte. Je suis le patron des lettrés et des intellectuels. »

Les humains et moi

Moi, Thot, le dieu de l'écriture, je suis vénéré par les scribes. Je suis le patron de leur caste si fière. Ils exhibent à tout moment la palette et les calames que j'ai inventés, pour bien montrer qu'ils savent écrire. Ils se croient supérieurs au reste du peuple égyptien parce qu'ils connaissent les secrets de l'écriture hiéroglyphique. Il est vrai qu'il y a un fossé, en Égypte, entre les lettrés, d'un côté, et les paysans et artisans, de l'autre. Mais les scribes n'ont jamais rien fait pour réduire cette fracture de la société. Bien au contraire, ils se vantent à tout moment, et sans aucune réserve, d'être du côté des puissants.

L'éducation en Égypte est le privilège de l'élite. On dirait presque que les scribes se réjouissent que le système de l'écriture hiéroglyphique soit aussi compliqué. Il n'y a aucune chance que le peuple y comprenne quelque chose ! C'est vraiment le système idéal pour maintenir les inégalités entre une foule d'ignorants exploités et une minorité éduquée.

Les Égyptiens ont fait de moi un dieu intelligent et rusé. Je les remercie pour ces qualités. Par contre, j'aime moins mon rôle de dieu injuste qui méprise le peuple, veut maintenir les pauvres dans l'ignorance et justifie le pouvoir absolu des scribes.

LES ÉGYPTIENS ET L'ÉCRITURE

À PART LE PHARAON ET LES PRÊTRES, LES RARES ÉGYPTIENS CAPABLES DE LIRE ET D'ÉCRIRE SONT LES SCRIBES. ILS CONSTITUENT UNE ÉLITE DE PRIVILÉGIÉS QUI JOUIT D'UN POUVOIR ET D'UN PRESTIGE CONSIDÉRABLES.

Le pharaon confie aux scribes l'administration économique et financière du royaume, la perception des impôts et la gestion des domaines agricoles. Les scribes jouent aussi le rôle de juges. Ils sont très fiers de leur statut. Lorsqu'ils sont en mission, ils tiennent toujours dans la main droite les instruments qui leur servent à exercer leur métier : la palette et les calames.

Des instruments particuliers

La palette en bois, de forme rectangulaire, est utilisée pour diluer et mélanger les couleurs. Les scribes écrivent en noir et en rouge, mais il leur arrive aussi de faire des plans ou des dessins : ils emploient alors toutes les couleurs de leur palette. Les calames sont des tiges de roseau utilisées comme plumes à écrire. Comme support, les scribes emploient des feuilles de papyrus. C'est un beau papier, très souple, fabriqué à partir de fibres végétales.

Une position caractéristique

Les scribes n'ont le plus souvent ni chaises ni bureaux pour écrire. Au cours de leurs missions d'inspection, ils s'installent directement à terre, en position accroupie, et déroulent leurs papyrus sur leurs genoux. Ils apprennent leur métier dans des écoles qui dépendent des grands temples. Les cours y sont donnés par des prêtres scribes. Seuls les fils de scribes y sont admis. Quelques filles de l'aristocratie ont également le droit de suivre des cours dans ces écoles, mais elles sont très minoritaires par rapport aux garçons.

Une écriture vraiment compliquée

Le système d'écriture égyptien est très complexe. Les Égyptiens utilisent des signes appelés hiéroglyphes, ou « signes sacrés », car au début ils ne sont employés que pour écrire des textes religieux. Ce ne sont pas des lettres, mais des dessins qui représentent des idées ; c'est pourquoi on les nomme « idéogrammes ». Par exemple, le cercle veut dire « soleil ». La langue égyptienne compte des milliers d'idéogrammes. Les égyptologues découvrent aujourd'hui encore, régulièrement, de nouveaux signes dont le sens, technique ou religieux, n'est pas toujours très clair.

L'apparition d'un alphabet

Ce n'est que très tard, à la Basse époque et sous les Ptolémées, que les Égyptiens ont crée un alphabet. Ils ont repris aux Phéniciens et aux Grecs cette invention révolutionnaire pour l'humanité. Mais ils en limitent l'utilisation à la transcription des noms étrangers, notamment ceux des Grecs installés dans le pays. Tous les anciens mots égyptiens continuent de s'écrire de la manière hiéroglyphique traditionnelle. Les scribes égyptiens sont très conservateurs. Ils refusent de réformer et de simplifier l'orthographe de leur langue.

▲ ***Palette et coffret de scribe en bois. Nouvel Empire.***

PAS DE GASPILLAGE !

Pour ne pas gaspiller le papyrus, support très cher qui leur est fourni en quantité limitée, les scribes prennent d'abord des notes, au brouillon, sur des « ostraca ». Il s'agit d'éclats de calcaire ou de morceaux de vieux vases cassés, gardés spécialement pour cet usage.

DES FEMMES CHANCEUSES

Sous l'Ancien Empire, il n'est pas rare que des princesses de sang royal apprennent à lire et à écrire. Devenues adultes, elles sont intégrées dans l'administration du royaume au même titre que les hommes. La petite-fille du pharaon Khéops, Meresankh, a eu cette chance ; elle s'en vante d'ailleurs dans les inscriptions de son tombeau de Gizeh.

▲ Statue de scribe accroupi. Nécropole de Saqqara. 5e dynastie.

▲ Hiéroglyphes sur la paroi orientale du temple d'Hathor à Dendérah. Époque ptolémaïque.

Une écriture à apprendre par cœur

On ne peut lire et comprendre qu'un hiéroglyphe que l'on connaît déjà ! Il faut donc apprendre tous les mots, ou presque, par cœur. Il est rare de parvenir à deviner le sens d'un hiéroglyphe car le dessin n'a souvent rien à voir avec la signification du mot. Si « soleil » s'écrit au moyen d'un disque, l'hiéroglyphe en forme de canard signifie « fils » et un canard associé à un petit pain veut dire « fille ». En Égypte antique , il faut en moyenne 12 ans pour apprendre à lire.

Une bibliothèque inestimable

La bibliothèque d'Alexandrie, fondée par Ptolémée Ier, dans la nouvelle capitale de l'Égypte gréco-romaine, est la première du genre. L'accès à ses rayons n'est pas public, mais néanmoins plus facile que dans les bibliothèques des temples et des palais pharaoniques. Et surtout, tous les textes connus à l'époque se trouvent pour la première fois réunis.

Peu de lecteurs

La littérature égyptienne était très riche. Romans, contes, poèmes d'amour, ouvrages d'histoire, de géographie et de botanique remplissent les bibliothèques des prêtres, des scribes et du pharaon. Mais l'immense majorité des Égyptiens, qui ne sait pas lire (99 % de la population), n'y a pas accès.

▲ La pierre de Rosette. Époque ptolémaïque.

La pierre de la gloire

En 1822, le savant Jean-François Champollion a réussi à déchiffrer un grand nombre de hiéroglyphes grâce à la Pierre de Rosette. Sur cette stèle en basalte, de l'époque de Ptolémée V (196 av. J.-C.), le même texte est gravé en égyptien et en grec, les deux langues alors utilisées en Égypte. C'est la traduction grecque du texte qui a permis à Champollion de comprendre l'original égyptien.

« Je suis Sekhmet, la déesse de

mon nom signifie La Puissante.

▲ **NOM** : Sekhmet

▲ **PÈRE** : Rê

▲ **FRÈRES ET SŒURS** : Tefnout, Chou, Thot, Hathor, Maât

▲ **FONCTION** : déesse de la guerre

▲ **CARACTÉRISTIQUES** : se bat contre les ennemis de l'Égypte - associée à Bastet, la déesse de la musique, de la joie et de la maternité

▲ **ATTRIBUTS** : le disque solaire hérité de Rê

Je suis à la fois la fille de Rê et son œil. Quand je me mets en colère, je me transforme en lionne. Gare alors à ceux qui se trouvent sur ma route ! Je détruis tout sur mon passage et il est très difficile de me calmer. J'adore m'abreuver du sang de mes ennemis. Je ne me bats pas seule : je commande toute une armée de génies porteurs d'arcs et de couteaux. Je suis terriblement redoutée car ma colère peut éclater à tout moment et, une fois le conflit engagé, je ne négocie que rarement : je préfère massacrer mes ennemis jusqu'au dernier.

Un jour, je me suis disputée avec mon père, Rê. Il m'avait envoyée réprimer des dieux qui contestaient son autorité. En mon absence, sa cavité oculaire était vide. Il ne voyait plus rien. Alors, il s'est fabriqué un œil de verre. De retour auprès de lui, ma mission accomplie, j'ai explosé de rage quand j'ai découvert que je n'étais plus son œil unique.

J'ai aussitôt quitté son palais et me suis exilée au fin fond du désert du sud. Pendant des mois, j'y suis restée seule. Mon père, désespéré, m'a envoyé de nombreux dieux pour me calmer et me ramener auprès de lui, mais sans succès.

la guerre,

Jusqu'au jour où **Thot**, le plus futé des dieux, s'est présenté à moi.

Il s'était transformé en un babouin un peu ridicule. J'avais envie de le dévorer, mais il m'a raconté d'amusantes histoires, si bien que j'en ai oublié ma colère. Je me suis alors transformée en **Bastet**, une gentille petite chatte. Puis, j'ai accepté de faire la paix avec mon père et de rentrer au palais.

En fait, ma personnalité est double. Je peux me révéler douce et gaie quand je prends la forme de l'adorable **Bastet**. Mais sous l'aspect de la lionne, je suis une guerrière redoutable, protectrice de l'armée du pharaon. C'est sous cette forme que le souverain d'Égypte fait appel à moi quand il part en guerre contre ses ennemis. En fait, j'effraie tout le monde. Les autres dieux me regardent avec beaucoup de respect et même une certaine crainte. »

Les humains et moi

Moi, Sekhmet, la déesse la plus dangereuse d'Égypte, je terrifie les Égyptiens. Ils récitent des formules magiques pour écarter ma rage meurtrière, surtout le dernier jour de l'année, de chaque saison et de chaque mois, car ils croient que c'est à ce moment-là que je me mets le plus facilement en colère. Il est vrai que les périodes de transition me font enrager ! En fait, les hommes craignent que le cycle naturel des mois et des saisons ne se renouvelle plus. Ils ont peur que je profite de l'intervalle pour détruire l'humanité. Ils sont persuadés que la fin du monde aura lieu lors d'une de ces périodes charnières.

Même les pharaons me redoutent. C'est pour cela que Ramsès II a fait graver dans les temples une supplique pour que je ne lâche pas mes sbires contre lui. Aménophis II a fait sculpter 600 statues à mon image qu'il a placées dans un immense sanctuaire de Thèbes, uniquement dans l'espoir de m'apaiser. Nombre inouï ! Jamais aucun dieu n'en avait reçu autant à la fois ! Au début, le pharaon en avait prévu 365, une pour me calmer chaque jour de l'année. Finalement, il en a ajouté 235. Mieux vaut en avoir trop que pas assez ! Quel superstitieux cet Aménophis ! Mais quand je les soutiens dans leurs guerres, les souverains d'Égypte sont bien contents de m'avoir à leurs côtés. Je leur inspire la rage de combattre et de massacrer tous les ennemis de l'Égypte. Je suis vraiment une déesse toute-puissante !

LES ÉGYPTIENS ET LA GUERRE

LES PHARAONS DU MOYEN EMPIRE SONT LES PREMIERS GRANDS CHEFS DE GUERRE DU PAYS. ILS CONDUISENT DE NOMBREUSES EXPÉDITIONS CONTRE LEURS ENNEMIS. SE DÉFENDRE CONTRE LES PEUPLES ÉTRANGERS QUI RÊVENT DE PILLER L'ÉGYPTE EST VITE DEVENU UNE NÉCESSITÉ.

Les Nubiens au sud et les tribus libyennes à l'ouest tentent à tout moment de pénétrer dans la vallée du Nil. Mais les plus redoutables ennemis sont les Hyksos ou « chefs étrangers » venus de Syrie à la fin du Moyen Empire. Équipés de chars, excellents cavaliers, ils proclament qu'ils sont les fils de Seth et revendiquent leur héritage. À la Basse Époque, les Perses deviennent les nouveaux ennemis héréditaires des pharaons.

Les pharaons conquérants

Au Nouvel Empire, les menaces extérieures sont très pressantes. Le pharaon est perpétuellement en guerre, il commande personnellement son armée ou il envoie ses officiers diriger les opérations militaires à sa place. Thoutmôsis III est le plus grand conquérant parmi tous les souverains d'Égypte : il mène ses troupes avec succès jusqu'en Mésopotamie, l'Irak actuel, et rapporte d'immenses butins de ses nombreuses conquêtes. Ramsès II essaiera de l'imiter, mais avec moins de succès.

Une énorme armée

Le nombre des soldats du pharaon n'a cessé d'augmenter : l'armée des pharaons du Moyen Empire compte 20 000 hommes, Thoutmôsis III en a 40 000 et Ramsès II 80 000. Il n'y a pas de service militaire en Égypte. Les soldats appartiennent tous à une armée de métier au sein de laquelle ils se succèdent de père en fils. Il y a peu de promotions : le fils hérite le plus souvent du grade et de la solde de son père. À la Basse époque, les pharaons recrutent aussi des guerriers grecs pour faire face aux envahisseurs perses.

L'armement des soldats

Les soldats sont armés d'une lance et d'un bouclier triangulaire en bois. Des régiments spéciaux sont constitués d'archers. Les pointes des lances et des flèches sont en bronze. Au Nouvel Empire, les pharaons, imitant les Hyksos, se dotent d'une cavalerie de chars tirés par deux chevaux. Ils sont montés par deux hommes : un conducteur qui tient les rênes et un archer. À la fin du Nouvel Empire, les soldats portent des casques et des cottes de mailles. Les armes en fer, introduites à cette époque, sont d'abord réservées aux troupes d'élites.

Malheur aux vaincus !

Après la bataille, le pharaon se comporte en vainqueur enragé. Il fait enchaîner les prisonniers et les massacre, à coups de massue sur le crâne ou en leur tranchant la tête lors d'une cérémonie rituelle célébrant la victoire. Sur certains temples, le pharaon est représenté en train d'abattre des ennemis qui se traînent à ses pieds. Il en tient parfois plusieurs par les cheveux et il les tue dans un même élan. Ceux qui échappent à la mort sont vendus comme esclaves aux marchands phéniciens qui suivent toujours les troupes du pharaon en campagne.

▲ Toutankhamon sur son char, poursuivant des Nubiens. Peinture sur un coffre provenant de la tombe de Toutankhamon. 18e dynastie.

LE CHAR DU PHARAON

Les chars sont considérés comme l'élément le plus redoutable de l'armée égyptienne. Souvent, le pharaon commande en personne son meilleur escadron de chars. Celui appartenant à Toutankhamon a été retrouvé dans son tombeau. Il est constitué d'une caisse richement décorée et d'un timon attelé à deux chevaux. Le pharaon le montait seul, sans cocher.

LA DÉESSE ENRAGÉE

Sur les bas-reliefs des temples, le pharaon tourne la tête en arrière lorsqu'il fait une offrande à Sekhmet. La lionne enragée est la seule divinité qu'il ne peut regarder en face. Le pharaon n'a peur de rien, sauf du regard de la terrible guerrière.

▲ Archers nubiens. Figurines en bois. Moyen Empire.

Des généraux pour le trône

Plusieurs pharaons ont été des généraux en chef de l'armée égyptienne avant de monter sur le trône. C'est le cas d'Horemheb sous la 18e dynastie, puis de Ramsès Ier et Séthi Ier. Ce dernier confie à son propre fils, Ramsès II, le commandement des opérations militaires à la fin de son règne.

▲ Ramsès II tenant trois ennemis (un Nubien, un Libyen et un Syrien) par les cheveux. 19e dynastie.

Les ennemis de l'Égypte

Au Nouvel Empire, les pharaons considèrent que 9 peuples sont les ennemis de l'Égypte. Ils sont représentés symboliquement sous la forme d'arcs que le souverain écrase sous ses pieds. Lors de son triomphe, le pharaon vainqueur est solennellement appelé « Souverain des 9 arcs ». En fait, les « 9 arcs » ne désignent pas des ennemis réels : il s'agit de formules magiques qui ont pour but de détourner les dangers qui menacent le pays. Le nombre 9 lui-même est symbolique : il désigne une foule.

Les Hyksos

Les Hyksos ou « chefs étrangers » parviennent, grâce à leur puissante cavalerie de chars, à occuper la Basse-Égypte de 1730 à 1580 environ. Ils y fondent une nouvelle capitale, Avaris, où ils règnent comme de vrais pharaons. Mais ils refusent le nom d'Horus, car ils affirment qu'ils sont les fils de Seth.

Besoin des Grecs

Les Ptolémées avaient une armée de 70 000 hommes dont la moitié étaient des Égyptiens habillés comme des soldats grecs. Les autres étaient des Grecs provenant de diverses cités et régions de Grèce et d'Asie Mineure, l'actuelle Turquie.

« Je suis Hathor, la déesse de l'

▲ **NOM** : Hathor
▲ **PÈRE** : Rê
▲ **FRÈRES ET SŒURS** : Tefnout, Chou, Thot, Sekhmet, Maât
▲ **FONCTIONS** : déesse de l'amour, des soins du corps et de la beauté féminine
▲ **CARACTÉRISTIQUES** : chanteuse et danseuse pleine de joie
▲ **ATTRIBUTS** : des oreilles de vache et des cornes enserrant le disque solaire, le sistre et le collier Menat

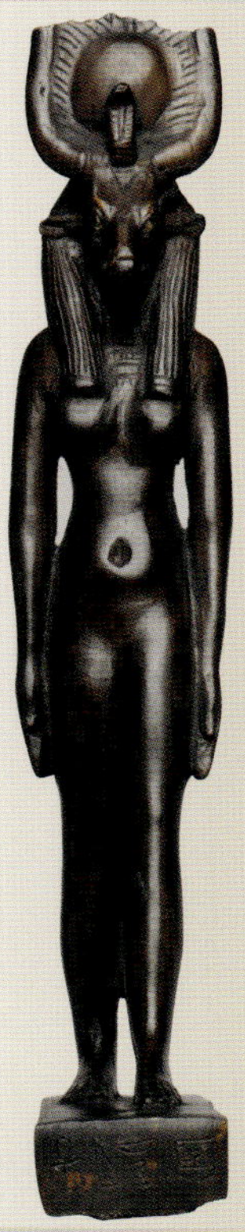

les Égyptiens m'appellent « la déesse aux formes multiples », car je peux prendre l'apparence d'une lionne, d'un cobra, d'une vache ou encore d'une belle jeune femme. Je suis une déesse au charme irrésistible. Mes grands yeux sombres, semblables à ceux d'une vache, sont d'une extraordinaire beauté. Je n'ai pas eu de mère : **Rê**, mon père, m'a façonnée, tout seul, avec de l'argile.

Au début, j'étais une divinité cruelle et assoiffée de sang. Mon père a fait appel à moi pour châtier les hommes qui s'étaient révoltés contre son autorité. Je les ai massacrés pendant toute une journée. Puis **Rê** a décrété qu'ils avaient suffisamment payé le prix de leur trahison et il m'a demandé d'arrêter le carnage. Mais, comme j'avais pris goût au sang, j'ai continué à les égorger. Alors, **Rê** a créé un lac de bière dans lequel il a versé une grande quantité de sirop de grenade pour le rougir. J'ai cru que c'était une énorme flaque de sang et j'ai tout bu d'un seul trait, avant de m'endormir, ivre morte. À mon réveil, je n'avais plus aucune envie de tuer les hommes. Depuis, je préfère la bière au sang et la fête à la guerre.

Comme je bois beaucoup de bière, je suis souvent très gaie. Les dieux sont ravis de ma présence à leurs banquets : ils rient aux éclats et boivent avec moi. Je les enchante par ma beauté joyeuse. Tous les soirs, ils me demandent de chanter et de danser devant eux au son des sistres et de la harpe. Chaque fois, ils me contemplent avec le même émerveillement. C'est moi qui ai inventé la musique et la danse.

Pour rendre mon charme encore plus irrésistible, j'asperge ma perruque de mille parfums. Ainsi, lorsque je danse, je libère des

amour et de la beauté,

senteurs enivrantes. On me doit le maquillage et toutes sortes de produits de beauté pour les femmes. J'en ai révélé la composition aux Égyptiens pour que leurs épouses soient toujours belles.

J'ai beaucoup d'amants parmi les dieux, mais je ne suis amoureuse que d'**Horus**. Il vient régulièrement me rejoindre dans mon temple de Dendérah, sous la forme d'un majestueux faucon. Nous avons eu ensemble un adorable garçon, **Ihy**, auquel j'ai enseigné l'art de la musique.

Sans moi, les Égyptiens ne connaîtraient pas la joie. C'est pour tous ces bienfaits qu'ils m'adorent. »

Les humains et moi

Moi, Hathor, j'aime prendre la forme d'une vache. Ce n'est pas un hasard si les Égyptiens ont fait de moi la déesse du charme et de la beauté féminine. Ils trouvent que la vache est une bête très séduisante. Pour eux, dire à une fille qu'elle a des yeux de vache est le plus beau des compliments !

Les femmes égyptiennes sont officiellement considérées comme les égales des hommes, ce qui est vraiment un progrès pour une civilisation antique. Les scribes appliquent la même justice aux unes et aux autres. Les femmes ont le droit de choisir leur mari et de divorcer, et même d'exercer des métiers d'hommes !

Cela dit, les Égyptiens sont tout de même assez sexistes. Les qualités qu'ils m'attribuent le prouvent : ils pensent que la beauté est seulement une affaire de femmes ! Ils me cantonnent dans un seul et unique rôle : celui de charmeuse ! Ce n'est pas très flatteur. Je trouve réducteur, et parfois insultant, d'associer systématiquement les femmes à la beauté et aux soins du corps. Les hommes aussi soignent leurs corps ! Mais ce serait, selon eux, pour des raisons d'hygiène ! Ils n'auraient pas à plaire, ni à charmer ! De ce point de vue-là, les Égyptiens sont horriblement machistes. Ils rêvent de femmes qui ne sont que de jolies poupées divertissantes ! Et dire qu'ils ont fait de moi un modèle pour leurs épouses ! C'est sans compter sur ma force de caractère !

LES ÉGYPTIENS ET LA BEAUTÉ

Les femmes d'Égypte sont réputées pour leur grande beauté. Les plus riches consacrent de longues heures, chaque jour, à soigner leurs corps. Les hommes aussi s'épilent, se maquillent et se parfument. Comme leurs épouses, ils portent des perruques et de nombreux bijoux.

Si les paysans n'ont que peu de temps à consacrer aux soins du corps, le pharaon, les scribes et les prêtres passent chaque jour, comme leurs épouses, de longs moments à se faire masser, épiler ou maquiller par leurs serviteurs. Les hommes pratiquent aussi des exercices de musculation pour se maintenir en forme. De leur côté, les femmes jouent à la balle et dansent pour conserver leur ligne.

La toilette et le maquillage

La matinée commence par une douche. Un mélange de cendre et de sel sert de savon. Puis les plus riches se font masser par des servantes avec de l'huile de lin aux vertus adoucissantes. Le corps est ensuite rasé de près. Les Égyptiens aiment les peaux lisses et douces. Après une épilation des sourcils, le visage est couvert d'un masque de cire d'abeille qui doit gommer les plis et les rides. Enfin, une maquilleuse dessine de longs sourcils avec du khôl noir et encercle les yeux d'un trait de la même couleur. Une petite ligne prolonge le maquillage des yeux en direction des oreilles.

Crâne rasé et bonne odeur

Le pharaon et les puissants Égyptiens ont tous le crâne rasé. Par-dessus, ils portent des perruques faites de cheveux naturels. Ils se brossent les dents avec une tige de roseau enduite de dentifrice. Pendant la journée, ils mâchonnent des bonbons à la cannelle et à l'encens pour avoir une bonne haleine. Les femmes portent aussi des couronnes de fleurs qui répandent leurs parfums autour d'elles. Les riches veulent absolument sentir bon !

Des bijoux pour les riches et les pauvres

Plus les Égyptiens sont riches, plus nombreux et coûteux sont les bijoux qu'ils portent. Il n'y a pas vraiment de différence entre les hommes et les femmes : bracelets, bagues et colliers sont identiques. Seules les boucles d'oreilles sont un attribut féminin ; les hommes en portent rarement. Les bijoux de l'élite sont en or, incrustés de pierres précieuses, tandis que les pauvres n'ont que des parures en terre cuite.

Des vêtements de lin blanc

Les Égyptiens portent des vêtements de lin blanc. Leur garde-robe n'est pas très variée. Les hommes sont vêtus de pagnes plus ou moins longs ; les femmes ont des robes légères, moulantes ou amples selon les époques et les modes. Les chaussures n'existent pas, à part de fines sandales rarement portées, sauf par le pharaon et les prêtres lors de certaines cérémonies. En général, les Égyptiens marchent pieds nus. Les hommes ont souvent le torse découvert et les femmes les seins nus. Cela n'est pas considéré comme indécent.

▲ *Tête en verre de princesse à perruque courte dans le style de la fin de la 18e dynastie.*

Des perruques variées

Femmes et hommes riches portent des perruques sur leurs crânes rasés. Certaines sont courtes, coupées en carré, d'autres très longues et volumineuses couvrent les épaules et le haut du dos selon les modes et les époques. Elles sont démêlées tous les matins et imprégnées de beurre parfumé pour qu'elles brillent et sentent bon toute la journée.

Des images de rêve

Les peintures et bas-reliefs nous révèlent que les femmes sont grandes et minces au pays des pharaons. Ces images sont sans doute un peu embellies. Les nobles qui commandaient ces œuvres n'auraient pas accepté que leurs épouses soient immortalisées avec des défauts.

▲ **Servante aidant trois femmes à mettre des bijoux avant un banquet. Tombe de Nakht. 18e dynastie.**

De nombreux instruments de beauté

On a retrouvé dans les tombeaux des riches Égyptiens de nombreux rasoirs, des pinces à épiler, des pots de khôl et des cuillères en bois dans lesquels le maquillage était dilué et mélangé avant son application. On connaît, grâce aux papyrus, la composition de diverses crèmes que les Égyptiens s'appliquaient sur le visage. Certaines étaient faites à partir de noix, de cire ou encore de mollusques cuits et écrasés.

◀ **Peigne et épingles à cheveux en bois. Nouvel Empire.**

Le fameux collier Menat

Le collier Menat ou la Menat est une parure utilisée comme objet rituel dans le culte d'Hathor. C'est un pectoral à plusieurs rangées de perles qui symbolise la fécondité, car il est associé à la poitrine des femmes. Comme le sistre, la Menat sert d'instrument de musique : elle produit des sons quand on l'agite.

Un rouge à lèvre « mauvais genre »

Les femmes d'Égypte ne mettent pas de rouge à lèvre. C'est considéré comme vulgaire, sauf à l'époque de la célèbre reine Néfertiti qui a voulu, pendant son règne, changer la mode. Mais après sa mort, les Égyptiennes sont revenues à leurs pratiques habituelles.

Pot à onguent aux noms d'Aménophis III et de la reine Tiyi. 18e dynastie. ▲

Des produits nocifs

Le maquillage des Égyptiennes est fabriqué à base de minerais : le cuivre oxydé permet de faire du maquillage vert et le plomb un fard gris sombre. Le khôl noir utilisé pour entourer les yeux est obtenu en carbonisant de la graisse. Ces produits ne sont pas très bons pour la peau : ils déclenchent des irritations et des allergies.

«Je suis Osiris, le dieu des morts

▲ **NOM** : Osiris
▲ **PÈRE** : Geb
▲ **MÈRE** : Nout
▲ **FRÈRES ET SŒURS** : Seth, Isis, Néphtys
▲ **ÉPOUSE** : Isis
▲ **ENFANTS** : Horus et Anubis
▲ **FONCTIONS** : dieu de la végétation et des morts
▲ **CARACTÉRISTIQUE** : première momie
▲ **ATTRIBUTS** : la couronne atef, les sceptres royaux, le pilier djed

j'ai été auparavant le deuxième pharaon d'Égypte. Lorsque **Rê**, le Soleil, créateur et premier roi du monde, s'est senti vieillir, il s'est retiré définitivement dans le ciel. Il m'a alors désigné, moi, son arrière-petit-fils, comme son successeur, car il avait reconnu ma sagesse.

Pendant mon règne, j'ai comblé les hommes de bienfaits. Je leur ai enseigné la culture du blé et de la vigne. Je leur ai appris à creuser des canaux d'irrigation pour tirer tous les avantages de la crue du Nil. J'ai inventé les instruments de musique pour réjouir les hommes après une journée de travail. Mais surtout, je leur ai imposé des lois pour qu'ils renoncent à toute sauvagerie et vivent en paix.

Mais mon frère **Seth**, qui régnait sur les déserts, était jaloux de moi. Il rêvait de prendre ma place. Le traître a réussi à m'enfermer dans un coffre qu'il a fait jeter dans le Nil. Mon épouse, **Isis**, ne me voyant pas revenir auprès d'elle, est aussitôt partie à ma recherche. Elle m'a retrouvé sur les côtes du Liban, où le cours du Nil puis les vagues de la mer m'avaient emporté. Et elle m'a ramené en Égypte.

Cependant **Seth** a réussi à dérober mon cadavre une deuxième fois. Il m'a alors découpé en 14 morceaux qu'il a éparpillés dans toute l'Égypte. Heureusement, il en fallait plus pour décourager **Isis** ! Sa quête a recommencé, et

et de la végétation,

après de longues pérégrinations, elle a fini par rassembler tous les morceaux de mon corps, sauf un, mon sexe, qui était tombé dans le Nil et avait été avalé par un poisson.

Plus tard, avec l'aide de mon fils **Anubis**, **Isis** m'a transformé en momie. Grâce à ses pouvoirs de magicienne, elle a réussi à me ressusciter, le temps de m'embrasser et de tomber enceinte d'**Horus** qui m'a vengé de **Seth**.

Puis j'ai définitivement quitté le monde des vivants pour rejoindre l'Au-delà dont je suis maintenant le roi. Sur mon nouveau trône, je reçois les âmes des morts. Je fais peser leurs cœurs et je ne laisse entrer au paradis que les âmes pures et justes. »

Les humains et moi

Moi, Osiris, je suis vénéré par les Égyptiens comme le dieu de la renaissance des morts et de la végétation. Pour me célébrer, ils ont créé des rites qui m'amusent beaucoup. Au printemps, ils façonnent de petites statuettes avec un mélange de graines et de terre. Ils les appellent « Osiris végétant » et ils les arrosent jusqu'à ce que les graines se mettent à germer. Le résultat me plaît beaucoup !

Comme Seth a découpé mon cadavre en 14 morceaux, les Égyptiens m'ont attribué 14 tombeaux dans 14 villes d'Égypte, chacun pour une partie de mon corps. Mais il ne s'agit pas de mes vrais membres, seulement de reproductions en argile qu'**Isis** a données à chaque ville en échange du morceau de moi-même qu'elle récupérait. Elle les a fabriquées de ses propres mains. Du coup, ses reproductions sont sacrées. Les Égyptiens les rassemblent chaque année dans une ville du pays. C'est pour eux l'occasion d'une grande fête, car ils ont l'impression de me reconstituer et de me faire renaître. Quelle émotion pour moi ! J'ai une vraie tendresse pour eux. Mais cela ne les empêche pas de me craindre aussi.

C'est moi qui les juge après leur mort. Je fais peser leurs cœurs sur une balance. Des traces de toutes leurs actions restent inscrites à l'intérieur : les bonnes actions le rendent léger, alors que les mauvaises l'alourdissent. Si les Égyptiens veulent rester dans mon paradis, ils ont intérêt à avoir le cœur léger !

LES ÉGYPTIENS
ET L'AU-DELÀ

LES ÉGYPTIENS PENSENT QUE LA VIE CONTINUE DANS L'AU-DELÀ. LA MORT N'EST PAS UNE FIN, MAIS LE DÉBUT DE LA VIE ÉTERNELLE. L'AU-DELÀ OU PER DJET, LE « DOMAINE PERPÉTUEL » SUR LEQUEL RÈGNE OSIRIS, EST UN PAYS MERVEILLEUX.

Les Égyptiens imaginent l'Au-delà comme un monde merveilleux, une verte vallée ensoleillée, baignée par un fleuve généreux. Les morts qui y accèdent retrouvent un corps jeune et robuste. Osiris, roi de ce monde, confie à chaque nouveau venu des champs à cultiver et des troupeaux à faire paître. Ils n'ont aucun effort à fournir car ils sont aidés par une armée de statuettes, les « oushebtis », qui se mettent en marche pour les servir.

Le ka et le ba

Les Égyptiens pensent que chaque corps possède deux âmes, une céleste et une terrestre. Le « ba » est représenté comme un oiseau à tête humaine, et le « ka » a l'apparence de deux bras tournés vers le ciel. Ce dernier reste sur terre, aux côtés de la momie. Il hante le tombeau, et la famille du mort doit régulièrement venir le nourrir en déposant à manger et à boire sur la table d'offrande de la chapelle funéraire aménagée près de la sépulture.

Le long voyage du ba

De son côté, le « ba » s'éloigne du cadavre, en même temps que le cœur du défunt qu'il emporte avec lui. Tous deux s'envolent dans le ciel et rejoignent le soleil couchant pour se diriger vers l'Au-delà. La route est longue et semée d'embûches. Heureusement, le « ba » est guidé par Anubis. Le dieu conducteur des âmes connaît de nombreux raccourcis. Il sait comment contourner les obstacles, les précipices, les montagnes et les monstres dévoreurs qui s'y cachent.

L'épreuve de la balance

Enfin, Anubis introduit le « ba » devant le tribunal d'Osiris. Il place le cœur du défunt sur le plateau d'une balance pour le peser. L'organe ne doit pas être plus lourd que la plume de Maât, déesse de la justice, posée sur l'autre plateau de la balance. Si tel n'est pas le cas, le défunt est aussitôt déclaré coupable par Anubis. Il n'ira jamais au paradis. Seuls les « ba » dont les cœurs sont plus légers que la plume seront admis dans l'Au-delà. C'est à eux seuls que la déesse Maât remet la guirlande qu'ils devront présenter aux portiers du « Per Djet ».

Des funérailles en barque

Lors des funérailles, le sarcophage est placé sur une barque pour traverser le Nil, depuis la rive des vivants jusqu'à la nécropole qui se trouve à l'ouest du fleuve. Des pleureuses, installées à bord, se lamentent pendant toute la traversée. D'autres embarcations suivent, emportant le mobilier du défunt. Arrivé sur l'autre rive, le sarcophage est placé debout, devant l'entrée de la sépulture. Des prêtres récitent des formules magiques avant de le déposer dans le tombeau en même temps que le mobilier qui l'accompagne.

AU SERVICE DES RICHES DÉFUNTS !

On place dans le tombeau des riches des statuettes de serviteurs, les « oushebtis ». Les Égyptiens croient qu'ils pourront venir en aide au défunt une fois ressuscité dans le « Per Djet ». Les oushebtis sont réservés au pharaon et à tous ceux qui ont eu des serviteurs dans leur vie réelle. Les pauvres n'ont pas le droit d'en posséder. La mort n'efface pas les injustices sociales.

La momie du défunt recevant les derniers soins. ▶ Papyrus d'Ani. 19e dynastie.

LA COURONNE D'OSIRIS

Osiris est coiffé de la couronne appelée « atef », constituée de joncs parfois recouverts de lin blanc. Deux longues plumes d'autruche y sont accrochées. Elle est souvent surmontée d'un disque solaire.

▲ **La pesée des âmes. Papyrus du Livre des morts de Tchahapiimou. Époque ptolémaïque.**

Malheur aux cœurs trop lourds !

Les Égyptiens dont le cœur est plus lourd que la plume de Maât sont déclarés coupables par Anubis. Thot prend note et transmet le jugement à Osiris qui, du haut de son trône, confirme le verdict ou demande une seconde pesée. En cas de nouvel échec, Osiris ordonne à Anubis de jeter le cœur ainsi que le « ba » dans la gueule d'Ammout, un monstrueux lion à tête de crocodile. Cette fois, le défunt meurt pour toujours.

Un guide indispensable

Le Livre des morts est une sorte de guide de l'Au-delà. On y trouve des conseils pour les défunts, des formules à réciter devant le tribunal d'Osiris et parfois des dessins illustrant le « Per Djet ». Un exemplaire sur papyrus est déposé dans le sarcophage de tout défunt important. Les Égyptiens pensent que le « ba » pourra s'en servir pendant son voyage.

Un culte national

Une fois par an, les 14 villes qui possèdent l'un des membres d'Osiris façonné en argile par Isis, envoient leur relique à Edfou ou à Dendérah. Une procession des 14 parties d'Osiris, placées dans des vases, y est organisée. Cette cérémonie donne au culte d'Osiris une dimension nationale.

Des cercueils spéciaux

La momie du défunt est déposée dans un cercueil ou sarcophage qui reproduit les traits du visage et les formes du corps du défunt. Sa fonction est de protéger le cadavre embaumé. Plusieurs sarcophages sont parfois emboîtés les uns dans les autres, comme des poupées russes, afin de renforcer encore la protection de la momie.

▲ **Sarcophage de Madja, bois stuqué et peint. 18e dynastie.**

« Je suis Isis, la déesse mère, la

- **NOM** : Isis
- **PÈRE** : Geb
- **MÈRE** : Nout
- **FRÈRES ET SŒURS** : Osiris, Seth, Néphtys
- **ÉPOUX** : Osiris
- **ENFANT** : Horus
- **FONCTIONS** : protège le pharaon et veille au passage des momies
- **CARACTÉRISTIQUES** : 1re reine d'Égypte, magicienne
- **ATTRIBUTS** : le trône, le nœud, le sistre

égyptiennes et la première reine d'Égypte. Au début, sous l'Ancien Empire, j'étais seulement la protectrice du pharaon. D'ailleurs, le hiéroglyphe qui sert à écrire mon nom représente le trône sur lequel est assis le roi d'Égypte. Le pharaon est comme mon fils unique, **Horus** : il est installé sur mes genoux et je garde toujours un œil sur lui.

Au cours des siècles, on m'a prêté de plus en plus de pouvoirs. Je suis devenue la magicienne qui sait ressusciter les morts. J'ai commencé par **Osiris**, mon mari, atrocement mutilé par **Seth**. J'ai reconstitué son corps, découpé en 14 morceaux, et je l'ai momifié avec l'aide d'**Anubis**. Puis je me suis transformée en oiseau, j'ai battu des ailes au-dessus de la momie d'**Osiris** et je l'ai embrassé pour lui redonner la vie. De cette union, je suis tombée enceinte d'**Horus** que j'ai élevé dans le plus grand secret, caché dans la région marécageuse de Chemmis, au nord de l'Égypte, car **Seth** n'avait qu'une idée en tête : nous retrouver et nous éliminer.

Sans moi, sans mes pouvoirs magiques, **Osiris** n'aurait jamais pu renaître dans l'Au-delà. Il ne serait jamais devenu le dieu des morts, ni le roi du « Per Djet », le Domaine Perpétuel.

Je suis tombée amoureuse de lui, mon frère, alors que j'étais encore dans le ventre de ma mère, **Nout**. Notre amour était réciproque. C'est pourquoi nos parents nous ont fiancés dès notre naissance. Mais la mort nous a séparés. Je n'ai ressuscité **Osiris** qu'un instant pour le perdre à nouveau, pour l'éternité. Car, malheureusement, je n'ai pas

plus célèbre des déesses

accès au « Per Djet ». Seul **Anubis**, le conducteur des morts, peut s'y rendre et apercevoir son père dans la salle du Jugement. Mais je sais qu'**Osiris** est vivant et cela suffit à me réconforter. Et je n'ai pas le temps de m'apitoyer sur cette séparation, car c'est moi qui assure la survie des hommes et leur passage dans l'autre monde. Une lourde tâche ! »

Les humains et moi

Grâce à moi, Isis, l'épouse d'Osiris, les Égyptiens savent que la vie continue après la mort. C'est surtout pour cela qu'ils m'adorent. Ce n'est pas un hasard si je suis une femme. Pour les Égyptiens, c'est forcément la femme qui donne la vie. C'est donc, logiquement, elle qui permet la guérison des malades et la renaissance des morts dans le « Per Djet », le Domaine Perpétuel sur lequel règne mon cher époux.

J'ai beaucoup d'adeptes parmi les Égyptiennes. Des reines aux femmes du peuple, toutes m'aiment parce que je suis un modèle de puissance et d'indépendance féminines. Je suis leur modèle divin. J'ai su résister à mon frère, **Seth**, qui m'avait demandée en mariage après avoir tué **Osiris**. J'ai prouvé que les hommes ne sont rien sans les femmes. Les reines m'ont pris pour modèle, comme la grande **Cléopâtre** qui se faisait appeler la « Nouvelle Isis ». Quelle gloire pour moi !

Mais moi aussi, j'admire beaucoup les Égyptiennes. Elles ne se laissent jamais dominer par les hommes, contrairement aux Grecques, aux Perses ou aux Babyloniennes. Certaines n'ont même pas hésité à porter plainte, devant les tribunaux des temples, contre leur père, leurs frères ou leur époux. Toutes les Égyptiennes sont mes filles ! Mes petites protégées !

LES ÉGYPTIENS
ET LES FEMMES

LES ÉGYPTIENNES SONT LES SEULES FEMMES, DE TOUTE L'HISTOIRE DE L'ANTIQUITÉ, QUI ONT EU UN STATUT PRESQUE ÉGAL À CELUI DES HOMMES. TRÈS INDÉPENDANTES, ELLES PARTICIPENT À LA VIE DE LA SOCIÉTÉ ÉGYPTIENNE, À TOUS LES NIVEAUX.

Les Égyptiens pensent que leurs dieux meurent s'ils n'ont plus d'épouses. Rarement une civilisation a donné autant de pouvoirs aux déesses. Ces croyances expliquent pourquoi on accorde aux femmes les mêmes droits qu'aux hommes et une place si importante dans la société. Elles jouent un rôle autant dans le pouvoir central que dans le clergé, l'administration, la production agricole et artisanale. Elles ne sont exclues que de l'armée.

Majeures à 13 ans

Les filles sont soumises à leur père, comme les garçons, jusqu'à l'âge de 13 ans. Ensuite, elles sont considérées comme majeures : elles peuvent se marier et avoir des enfants. L'Égyptienne a aussi le droit de posséder des biens, d'en acheter, de les louer ou de les revendre, sans demander l'autorisation de son père ou de son mari. Elle gère ses propres affaires de son côté, indépendamment. Elle peut faire faillite ou fortune, personne n'est jugé responsable à sa place.

Un statut exceptionnel

Ce statut, révélé par de nombreux papyrus juridiques, est tout à fait exceptionnel dans l'Antiquité. On n'en trouve l'équivalent chez aucun des grands peuples de la même période : Grecs, Perses, et même Romains. Les héritages sont divisés à parts égales entre tous les enfants d'une même famille, garçons comme filles. Les lois égyptiennes sont presque toutes valables pour les hommes comme pour les femmes. Les punitions aussi sont identiques : on donne le même nombre de coups de bâton aux voleurs des deux sexes.

Le divorce autorisé

Femmes et hommes peuvent à tout moment demander le divorce. Le mariage est presque automatiquement rompu si l'un des époux en fait la demande. Mais le plus riche des deux doit verser une pension alimentaire à l'autre. Son montant est déterminé lors d'un jugement et il est noté sur un papyrus par un scribe du tribunal. En général les femmes divorcées retournent vivre dans leur famille. Il n'y a pas de règle pour la garde des enfants : suivant les cas, ils peuvent rester avec leur père ou avec leur mère.

Quelques privilèges masculins

Il reste cependant quelques différences. Les filles choisissent librement leur mari, mais elles doivent rester vierges jusqu'au jour de leur mariage, alors que les hommes peuvent avoir des relations avec des esclaves ou des courtisanes auparavant. De même, l'épouse doit toujours être fidèle à son époux. Elle peut être mise à mort, si son mari la surprend avec un amant. En revanche, le mari n'est condamné que s'il prend pour maîtresse une femme mariée.

▲ ***Buste de la reine Néfertiti, épouse d'Aménophis IV-Akhenaton, 18e dynastie.***

À TAILLE ÉGALE

Les déesses égyptiennes sont toujours représentées comme de très belles femmes, minces, grandes et élancées. Elles ne sont jamais plus petites que les dieux : Isis a exactement la même taille qu'Osiris. Ces images traduisent bien l'égalité de statut entre les dieux et les déesses dans la mythologie égyptienne.

▲ Représentation de Nebtaoui et de son époux, le scribe Roy. Tombe de Roy, Thèbes. Nouvel Empire.

Un nœud magique

Isis porte une robe moulante retenue par un gros nœud au milieu de sa poitrine. Il met en valeur ses seins tout gonflés du lait destiné à Horus. C'est pour cela que le nœud d'Isis est devenu le symbole de l'allaitement et de la maternité. Le lait magique d'Isis donne sa force surhumaine au petit Horus et à tous les pharaons.

Sous haute protection féminine

Le nœud d'Isis est placé sous la forme d'amulettes entre les bandelettes des momies. La dépouille du défunt et ses viscères, placées dans des vases à part dits « canopes », sont protégées par quatre puissances féminines : les déesses Isis, Néphtys, Selket et Neith.

▲ Égyptienne broyant les céréales pour faire du pain. Figurine. 5e dynastie.

▲ Sistre en bronze décoré de la tête d'Hathor. Basse Époque.

Quelle musique !

Le sistre est un instrument de musique, une sorte de hochet en bronze, que la déesse Isis agite de la main droite. Le son produit n'est pas du tout agréable, mais les Égyptiens racontent qu'il a pour effet de réveiller les momies qui auraient un peu de mal à se remettre de leur mort terrestre.

Partout au travail !

Les Égyptiennes exercent divers métiers : prêtresses, pleureuses (recrutées lors des enterrements), musiciennes et même scribes, notamment sous l'Ancien Empire. Mais la grande majorité des femmes travaillent dans les champs où elles aident leurs maris, ou encore dans des ateliers d'artisanat. Beaucoup d'Égyptiennes sont employées comme tisseuses, boulangères ou brasseuses de bière.

« Je suis Anubis, le dieu de la

▲ **NOM** : Anubis
▲ **PÈRE** : Osiris
▲ **MÈRE** : Néphtys
▲ **FRÈRE** : Horus
▲ **FONCTIONS** :
dieu de la momification, patron des embaumeurs
▲ **CARACTÉRISTIQUE** :
a mis au point avec Isis la première momie
▲ **ATTRIBUTS** : les couteaux de momificateur, les pots à onguents, les bandelettes

je suis né d'une confusion. Une nuit, mon père **Osiris**, marié avec **Isis**, a pris sa belle-sœur **Néphtys** pour son épouse. Elle dormait à proximité d'**Isis** et les deux jeunes femmes se ressemblaient énormément, car elles sont jumelles. **Néphtys** s'est rendu compte de l'erreur d'**Osiris**, mais elle n'a rien dit, car elle était secrètement amoureuse de lui.

Mais, quelques mois plus tard, lorsque, de retour chez son mari, le terrible **Seth**, elle a découvert qu'elle était enceinte, elle a eu peur. Elle a décidé d'accoucher en secret. Et après m'avois mis au monde, prétextant une promenade dans le désert, elle m'a abandonné au milieu des dunes de sable.

Heureusement pour moi, entre temps, **Isis** a tout découvert. Elle a trouvé le collier de son époux dans le lit de **Néphtys** ! Mais elle a pardonné à ma mère d'avoir laissé **Osiris** la séduire, et elle est partie à ma recherche dans le désert. Grâce à ses pouvoirs de magicienne, elle m'a retrouvé avant que je ne sois mort de soif. Et elle m'a donné le lait magique de son sein. De retour au palais, avec l'accord d'**Osiris**, **Isis** m'a présenté comme son enfant adoptif. Jamais **Seth** n'a appris la vérité sur mes origines.

momification,

Plus tard, quand mon père a été assassiné par **Seth** qui a découpé son cadavre en 14 morceaux, j'ai aidé **Isis** à reconstituer le corps d'**Osiris**. Pour faire tenir les membres ensemble, j'ai eu l'idée de les entourer de bandelettes de lin.

Depuis, je suis le responsable de la momification des cadavres. On me nomme « Le Préposé aux bandelettes » car c'est moi qui découpe les bandes de lin et les enroule autour des corps. Une fois le mort momifié, c'est encore moi qui conduis son âme dans l'Au-delà. Je suis le « Conducteur des âmes ». Je leur montre le chemin le plus rapide pour accéder au tribunal d'**Osiris**. Puis, au moment de la pesée des cœurs, sous le regard de mon père devenu dieu des morts, je suis chargé de vérifier l'équilibre de la balance. Je guide ensuite les âmes pures vers leurs nouvelles résidences éternelles. »

Les humains et moi

Moi, Anubis, je suis le patron des embaumeurs. Les Égyptiens savent que j'aide leurs « ba » à rejoindre l'Au-delà où règne mon père, **Osiris**, en leur montrant le chemin le plus court et le plus sûr. Je suis un dieu sympathique et dévoué !

Ils me voient comme un chien de garde au pelage noir et très élégant. Mon nom veut d'ailleurs dire « le Couché », en référence à ma position favorite. Ils m'imaginent le plus souvent étendu sur le ventre, tête et oreilles dressées. Il faut dire qu'ils aiment beaucoup les chiens qui sont pour eux des animaux rassurants, fidèles et bienveillants. C'est aussi pour cela qu'ils ont fait de moi le protecteur de leurs tombeaux et de leurs momies. Ils croient que les chiens qui errent dans les nécropoles entre les tombes sont mes serviteurs, et du coup, ils les nourrissent avec respect et dévotion. Tant mieux pour ces animaux faciles à domestiquer, ils sont plutôt gentils !

Mais, dans le passage pour l'Au-delà, gare aux momies ratées ou bâclées ! Elles ne feront pas le voyage aussi facilement que les autres. La momification est une pratique qui coûte cher. Et moi, je favorise volontiers les riches qui se font faire de belles momies. Pour les Égyptiens, les différences sociales se poursuivent dans l'Au-delà. La mort ne touche pas les pharaons, les prêtres et les scribes de la même manière que les paysans ou les artisans. Je ne suis pas un dieu très égalitaire...

LES ÉGYPTIENS
ET LES MOMIES

POUR RENAÎTRE FACILEMENT DANS L'AU-DELÀ, IL FAUT QUE LE CORPS DU DÉFUNT SOIT LE MOINS ABÎMÉ POSSIBLE. CETTE CROYANCE A POUSSÉ LES ÉGYPTIENS À EMBAUMER MÉTICULEUSEMENT LES CADAVRES POUR LES CONSERVER.

Même s'il existe plusieurs méthodes, la momification suit des règles et des rites extrêmement précis. Elle est confiée à des professionnels : des prêtres momificateurs qui exercent leurs talents dans des ateliers spéciaux installés à côté des grands temples.

L'embaumement

Les Égyptiens croient que les morts peuvent revivre à condition d'avoir été momifiés. Le cadavre à embaumer est emporté dans l'atelier où il doit être traité par les prêtres. Il est soigneusement lavé avec de l'eau du Nil et du vin de palme. Toute impureté doit être supprimée : terre, sang, poussière. La méthode la plus courante consiste à pratiquer une ouverture sur un côté du ventre avec un silex bien taillé ou avec un couteau en bronze. Avec les mêmes instruments, on détache les intestins, le foie, les poumons et l'estomac. On laisse seulement en place le cœur qui est considéré comme le siège de tous les sentiments. Sa présence est absolument nécessaire pour se réveiller dans l'autre monde. Si un momificateur le coupe par mégarde, il le rattache aussitôt par des points de suture. Une fois vidé, le ventre est bourré de morceaux de tissus, de papyrus et de sciure.

Pour le visage

Les momificateurs s'attaquent ensuite au visage du mort. Ils cassent le bout de son nez pour faire couler plus facilement des produits dissolvants à l'intérieur du crâne. Le but est de dissoudre le cerveau. Mais il faut souvent employer des crochets en bronze, qu'on enfonce dans les narines, pour réussir à décrocher les morceaux qui résistent encore. Considéré comme inutile, le cerveau n'est pas conservé.

Des vases et un bain

Par contre, les viscères extirpées du ventre sont lavées à l'eau et au vin, puis placées dans des vases spéciaux, appelés canopes. Ces jarres sont placées sous la protection des quatre fils d'Horus. Enfin, le cadavre est plongé dans un bain de natron, une sorte de gros sel qui absorbe toute l'humidité et dessèche entièrement le corps pour qu'il ne pourrisse jamais.

Des bandelettes protectrices

Après deux mois passés dans le sel, le cadavre est entouré de bandelettes de lin blanc. On peut les nouer de différentes manières : parallèlement les unes aux autres, en croix ou en diagonale. Tout dépend des modes et des époques. Mais le but est le même : emballer le cadavre, faire une sorte de gros paquet autour du corps pour mieux le protéger.

LES VOYAGES DE RAMSÈS II

Exposé au musée du Caire à partir de 1886, la momie de Ramsès II se dégrade à grande vitesse, car elle est exposée à l'humidité. En 1976, le président égyptien Sadate se décide à envoyer Ramsès en cure en France. Il séjourne à Paris 7 mois pendant lesquels des scientifiques désinfectent sa momie et éliminent les champignons microscopiques qui y ont pullulé. De retour en Égypte, Ramsès II est placé sous une vitre étanche au musée du Caire, où il est toujours visible.

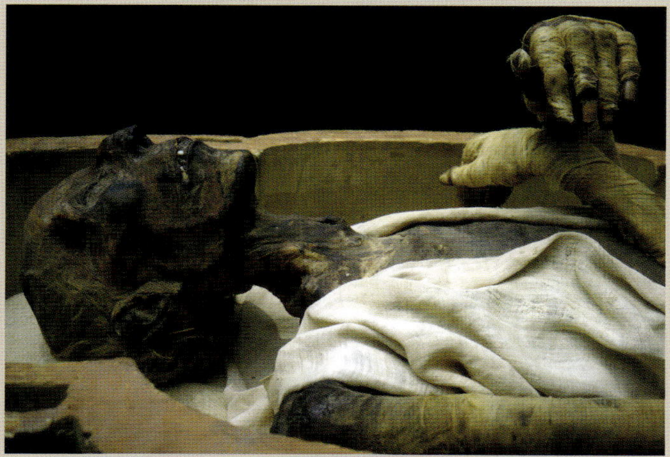

▲ **Momie de Ramsès II. 19e dynastie.**

LES VOLEURS DE MOMIE

Le tombeau de Ramsès II a été pillé, dès l'Antiquité, par des voleurs qui ont tout dérobé, sauf la momie du pharaon. Ils s'étaient contentés de la « déshabiller » pour prendre les amulettes qui se trouvaient entre les bandelettes. Heureusement, des prêtres ont retrouvé le cadavre avant qu'il ne se décompose. Ils lui ont mis de nouvelles bandes et l'ont caché dans une grotte près de Thèbes. C'est là que le corps du grand pharaon a été découvert en 1871.

La reine Hatshepsout. 18e dynastie.

Une momie célèbre

La momie de la célèbre reine Hatshepsout de la 18e dynastie a été identifiée grâce à un test ADN réalisé en 2005. On avait retrouvé une molaire de la reine dans une petite boîte sur laquelle était inscrit le nom d'Hatshepsout. Le test a permis de départager plusieurs momies anonymes auxquelles il manquait des dents !

Amulettes magiques

Les esprits des morts mal momifiés, qui n'ont, du coup, pas réussi à entrer au paradis, viennent persécuter la momie et gêner son voyage vers l'autre monde. C'est pour la protéger contre ces puissances néfastes que les Égyptiens placent sur celle-ci de petits objets magiques de formes diverses, appelés amulettes. Le nœud d'Isis fait partie des plus efficaces.

Masque sacré

Les prêtres embaumeurs sont supervisés par un chef qui veille au strict respect du rituel de la momification. Il porte un masque à tête de chien. On considère que le dieu Anubis s'incarne en lui.

Masque en bois représentant le dieu Anubis. 19e dynastie.

Des momies d'animaux

Les animaux sacrés, taureaux, chats, crocodiles, chiens, ibis, sont momifiés comme les hommes. On a retrouvé à Saqqara, au XIXe siècle, la somptueuse nécropole où étaient déposées les momies des taureaux appelés Apis, que l'on considérait comme les fils du dieu Ptah. Pour conserver leurs viscères, les Apis possèdent leurs propres vases canopes décorés de têtes de bœufs !

Momie de chat. Basse Époque.

« Je suis Horus, le dieu du ciel

- **NOM** : Horus
- **PÈRE** : Osiris
- **MÈRE** : Isis
- **FRÈRE** : Anubis
- **FONCTIONS** : dieu du ciel et de l'institution pharaonique
- **CARACTÉRISTIQUE** : s'incarne dans tous les pharaons légitimes
- **ATTRIBUTS** : les couronnes pharaoniques, le pschent

j'ai grandi dans les marais de Chemmis, moi, le fils d'**Isis** et d'**Osiris**. J'y ai survécu à de nombreuses maladies et aux morsures des serpents, grâce aux pouvoirs magiques de ma mère. Mais surtout, j'ai échappé à la jalousie et aux complots de **Seth**, mon oncle, qui après avoir assassiné mon père, rêvait de m'éliminer à mon tour.

À l'âge de 13 ans, devenu grand et fort, j'ai décidé de quitter ma mère pour aller affronter l'usurpateur. Pendant 80 ans, **Seth** et moi nous nous sommes battus, sans qu'aucun de nous deux ne l'emporte, car, je dois le reconnaître, mon oncle est un redoutable guerrier. Finalement, d'un commun accord, nous nous sommes adressés à **Rê** pour qu'il désigne le vainqueur. Mais **Rê** était partagé entre le désir de me rendre le trône qui m'appartenait et le besoin de rester en bons termes avec le terrible **Seth**, son allié contre le serpent **Apopis**. Il a donc demandé à la déesse **Neith** de trancher à sa place, car elle passait pour la plus sage de toutes les divinités. **Neith** a déclaré que seul mon père pouvait désigner son héritier.

Alors, **Rê** a rappelé **Osiris** de son royaume lointain. Et bien évidemment, c'est moi que mon père a nommé comme son successeur. **Rê** m'a donc remis le « pschent », la couronne des deux Égypte, et il m'a proclamé pharaon. Mais, pour ménager **Seth**, il lui a offert, en compensation, deux magnifiques épouses venues d'Asie, **Astarté** et **Anat**, aussi merveilleusement belles que violentes. De quoi plaire à mon oncle ! Alors, **Seth** et moi avons fait la paix et je suis monté sur le trône d'Égypte.

et des pharaons,

Depuis, je suis le dieu royal par excellence, le protecteur et le modèle de tous les pharaons. C'est grâce à moi que les rois légitimes se succèdent maintenant sur le trône d'Égypte. L'absence de pharaon serait synonyme de fin du monde et de retour au chaos.

J'aime **Hathor**, la plus belle et la plus joyeuse des déesses. Nous avons eu ensemble un garçon, **Ihy**. Avec les déesses des 4 points cardinaux, j'ai aussi eu 4 fils, les génies qui protègent les viscères des morts, placés dans les vases canopes. Je suis un dieu comblé ! »

Les humains et moi

Moi, Horus, le dieu des pharaons, j'impressionne beaucoup les Égyptiens. Il est vrai que leur pays ne pourrait pas exister sans le règne d'un maître absolu, choisi par moi ! Chaque roi d'Égypte est mon successeur et ma réincarnation. C'est pourquoi il se fait appeler « Horus » par ses sujets. Mon nom est toujours sur les lèvres des Égyptiens. Pas question qu'ils m'oublient une seconde !

Je me transforme souvent en faucon, ce beau rapace qui plane lentement dans le ciel en décrivant de larges cercles. Je tournoie au-dessus du palais de mon représentant terrestre, le pharaon. Je suis très fier de cela, car le faucon est le plus majestueux et le plus divin des oiseaux. **Rê** partage cette apparence avec moi, lui le grand dieu du soleil !

Il m'arrive aussi de précéder le char du pharaon au combat. C'est moi qui lui donne la victoire lors de ses duels contre les chefs étrangers. Parfois, je me pose sur le dossier de son trône pour lui caresser la nuque de mes deux ailes déployées. Le pharaon compte sur moi ! Depuis toujours, je lui suis indispensable. Les hommes sont très sensibles à mes longs cils en spirale et à mes yeux perçants qui, s'ils subissent une blessure, se régénèrent aussitôt tout seuls, comme par magie. Ils en ont fait une très puissante amulette appelée « Oudjat » qu'ils portent en pendentif. Je suis le dieu le plus présent en Égypte !

LES ÉGYPTIENS ET LE PHARAON

Le pharaon est un roi tout-puissant. Il règne sur l'Égypte en maître absolu. Tout lui appartient : les hommes, les animaux, la nature, le territoire et ses richesses. Ce pouvoir sans limites est justifié par son origine divine.

Le pharaon est considéré comme un dieu vivant, un nouvel Horus, à la fois successeur et réincarnation terrestre du fils d'Isis et d'Osiris. Au Nouvel Empire, on dit aussi que le roi d'Égypte est le fils de Rê, le Soleil. Les textes officiels affirment que c'est un « Nefer Netjer » (un Bon Dieu), car il ne possède que des qualités.

Le maître absolu

Le pharaon, maître absolu de l'Égypte, règne sans partage sur son royaume. Il lui arrive d'associer au trône son épouse préférée. C'est alors officiellement un couple de dieux vivants qui dirige l'Égypte. La soumission exigée de la part du peuple est totale. Toute tentative de révolte se conclut immédiatement par des condamnations à mort. Le pharaon et son épouse imposent un régime de terreur à l'ensemble du pays, soumis à la surveillance permanente de l'armée, des fonctionnaires et des prêtres.

Une journée du pharaon

La journée du pharaon est bien remplie. Après un petit-déjeuner au lever du soleil et des soins du corps, l'Horus convoque ses proches conseillers qui l'informent des nouvelles du jour. Puis, installé sur son trône dans la salle des audiences du palais, il reçoit les hauts fonctionnaires et les ambassadeurs étrangers. L'après-midi est consacré à la chasse et aux exercices sportifs. Après un bain, le pharaon rejoint sa cour pour le dîner et passe la soirée en compagnie de ses femmes. Celles-ci se comptent par centaines. L'une des activités du pharaon est de faire de nombreux enfants !

Devenir pharaon

On devient pharaon par héritage : le fils aîné succède à son père. Régner est une affaire de famille et de dynastie. Mais il est arrivé qu'un pharaon n'ait que des filles avec sa principale épouse. C'est alors le mari de l'aînée des princesses qui monte sur le trône. En général, il s'agit d'un demi-frère de la fille du pharaon, fils de ce dernier et d'une de ses nombreuses concubines. Quand un pharaon meurt sans enfants, c'est le général en chef de l'armée égyptienne ou bien le grand prêtre d'Amon-Rê à Thèbes qui devient le nouvel Horus.

Ruse politique

Le peuple n'a quasiment jamais l'occasion de voir son maître. Les audiences sont réservées aux seuls hauts fonctionnaires, aux grands prêtres et aux ambassadeurs des rois étrangers. Tout juste peut-on l'apercevoir de très loin, lors de certaines cérémonies et processions religieuses. Mais on n'est jamais sûr que ce soit lui, car il envoie souvent des sosies jouer son rôle. Ainsi, le pharaon peut faire croire qu'il est présent en plusieurs endroits à la fois, et en cas de vieillesse ou de maladie, il se montre toujours jeune et vigoureux aux yeux de ses sujets.

▲ **Trône de Toutankhamon. 18e dynastie.**

Le trône du pharaon

Le pharaon siège, dans la grande salle d'audience du palais, sur un magnifique trône, symbole de son pouvoir et de sa richesse, placé au sommet d'une estrade. Fait en bois doré, il est entièrement sculpté et décoré de pierres précieuses. Les accoudoirs sont ornés de cobras ailés qui protègent le cartouche royal, et les pieds ont la forme de pattes de lions.

Signes distinctifs

Comme les dieux, le pharaon porte une fausse barbe attachée à son menton par des sangles reliées à sa couronne ou à son diadème. C'est un symbole de virilité et de force surhumaine. Il tient souvent deux instruments croisés sur sa poitrine, un fouet et un crochet. Ils symbolisent son autorité sur le peuple d'Égypte qu'il peut à tout moment attraper et frapper.

▲ Statue colossale de Ramsès II, temple d'Amon à Louxor. 19e dynastie.

▲ La reine Ankhesenpaaton (Ankhesenamon) massant avec de l'huile les épaules de son frère et époux Toutankhamon sous les rayons du dieu Aton. 18e dynastie.

Un titre protecteur

Les titres les plus courants portés par le pharaon sont « Horus », « Fils du Soleil » ou encore « Bon Dieu ». On parle ainsi de l'Horus Djoser ou de l'Horus Khéops. Le mot « pharaon » n'est pas un titre officiel. Il s'agit de la transcription française du mot égyptien « Per-aha » qui veut dire « Grande maison ». C'est ainsi que l'on nommait le palais du roi d'Égypte.

Un roi divin

Sur les parois des temples et des tombeaux, le roi d'Égypte est figuré comme un géant, beaucoup plus grand que les humains qui l'accompagnent. Sa taille est égale, non à celle des hommes, mais à celle des divinités, ses semblables. Il partage aussi avec les dieux les principaux attributs de son autorité : sceptres, couronnes et insignes qui symbolisent sa toute-puissance.

Cartouches de rois

Les noms du pharaon et de son épouse, la reine d'Égypte, sont inscrits dans des cartouches, c'est-à-dire des boucles de forme ovale avec un nœud à la base. Ils représentent symboliquement le monde sur lequel règne le couple pharaonique.

▲ Cartouche de Ramsès II, temple d'Osiris à Abydos. 19e dynastie.

Les deux couronnes

Le pharaon porte plusieurs couronnes qu'il partage avec les dieux, notamment avec Horus : la couronne rouge « déchéret », symbole de la Basse-Égypte, la couronne blanche « hedjet » pour la Haute-Égypte et le « pschent », ou double couronne, constitué des deux précédentes imbriquées l'une dans l'autre.

« Je suis Seth, le dieu des déserts

- **NOM** : Seth
- **PÈRE** : Geb
- **MÈRE** : Nout
- **FRÈRES ET SŒURS** : Osiris, Isis, Néphtys
- **ÉPOUSES** : Néphtys, Astarté, Anat
- **FONCTIONS** : dieu des déserts et des tempêtes
- **CARACTÉRISTIQUE** : puissant guerrier
- **ATTRIBUT** : le harpon

je n'ai pas bonne réputation, car je suis le meurtrier de mon frère, **Osiris**.

En fait, je n'ai pas eu de chance à ma naissance : je ressemblais à un monstre, alors qu'**Osiris** était un magnifique bébé. Mais surtout, il est sorti du ventre de **Nout** juste avant moi. En tant que fils aîné, il est donc monté sur le trône d'Égypte. Il est devenu le roi de la riche vallée du Nil, tandis que moi, je n'ai eu que les déserts.

Mais je ne suis pas qu'un assassin. Chez les Égyptiens, tout n'est pas bien ou mal. Comme je suis un redoutable guerrier, **Rê** me demande, chaque matin, de prendre place à l'avant de sa barque. C'est moi qui, à coups de harpon, écarte **Apopis**, le gigantesque serpent qui rêve d'engloutir le soleil pour que le monde sombre dans le chaos.

Mon plus grand exploit est d'avoir chassé **Yam**, un monstrueux dieu marin venu d'Asie. Il a menacé les dieux égyptiens de détruire la vallée du Nil s'ils ne lui faisaient pas de belles offrandes. **Rê** lui a donné ses plus beaux vêtements, ses bijoux ainsi que les merveilleuses tentures de son palais. Mais **Yam** ne s'est calmé que pendant une seule journée.

Le lendemain, le chantage a recommencé : il voulait encore d'autres cadeaux. Alors, les dieux se sont réunis et ils m'ont demandé d'envoyer à **Yam** la belle **Astarté**, une de mes trois épouses.

Sur le coup, j'ai accepté. **Yam** a trouvé **Astarté** si séduisante qu'il a décidé d'en faire sa femme. Cependant, quand il a posé sur elle son immonde patte, je n'ai pas pu retenir ma rage. J'ai bondi sur lui. Il s'est transformé en une vague gigantesque et s'est élevé dans le ciel, menaçant d'engloutir l'Égypte. Je l'ai pourtant obligé à reculer, grâce au souffle puissant du vent de sable que j'ai fait venir du désert. Puis, je me suis métamorphosé en une violente tempête et je l'ai refoulé jusque sur les côtes de l'Asie. Enfin, j'ai retrouvé ma belle **Astarté** et tous les dieux m'ont félicité, même **Isis** et **Horus**, car j'ai sauvé l'Égypte et leur honneur. Depuis, je suis un dieu apprécié à sa juste valeur et respecté comme les autres. »

et des tempêtes,

Les humains et moi

Moi, Seth, je suis l'exception parmi les dieux : la seule divinité que personne n'envie ! Je suis le dieu de la nature effrayante, des climats déréglés, des régions dangereuses. Du coup, en tant que roi de ce monde atroce, je ne peux qu'avoir l'apparence d'un monstre : un mélange de chacal, d'okapi et de loup. Évidemment, mon physique n'a pas arrangé ma terrible réputation ! J'effraie tout le monde avec mon museau recourbé et mes hautes oreilles dressées comme des cornes.

Les Égyptiens ont très peur de s'aventurer dans les déserts qui entourent la vallée du Nil. Et, c'est vrai, je les comprends : il s'agit d'un univers stérile et dangereux, le royaume de la soif et de la mort. Mais ces humains sont aussi très courageux, ils aiment l'aventure. Et surtout, ils ont bien compris que, sous son apparence stérile, mon royaume recèle d'immenses richesses !

Ils savent se préparer à l'épreuve. Et une fois surmontées leurs craintes, ils n'hésitent pas à partir en expédition dans les régions les plus perdues. Ils ne renoncent à aucun effort pour extraire et rapporter en Égypte des pierres et des minerais de grande valeur. Ah, ces hommes, ils sont vraiment stupéfiants ! Souvent cupides, assez mystérieux, mais toujours passionnants !

LES ÉGYPTIENS ET LE DÉSERT

LES DÉSERTS À L'EST ET À L'OUEST DE L'ÉGYPTE SONT DES ENDROITS DANGEREUX OÙ IL VAUT MIEUX ÉVITER DE S'AVENTURER. CEPENDANT, DÈS L'ANCIEN EMPIRE, LES PHARAONS Y ENVOIENT DES EXPÉDITIONS À LA RECHERCHE DES MATIÈRES PREMIÈRES UTILISÉES PAR LEURS ARTISANS, ARTISTES ET ARCHITECTES.

C'est le désert Arabique, entre la vallée du Nil et la mer Rouge, qui est, de loin, le plus riche. L'or y existe en abondance. On y découvre des pépites au milieu du sable dans le lit des rivières asséchées. À l'est de Coptos, en Haute-Égypte, les pharaons exploitent l'or de la montagne de Bekhen. Le métal précieux s'y trouve en si grande quantité que le lieu est appelé « la montagne de l'or ».

Un travail de forçat

Seuls les ouvriers du pharaon ont le droit de se rendre aux mines d'or. Ils y travaillent sous la surveillance de l'armée. Les voleurs et tous ceux qui essaient de détourner une partie de la production sont mis à mort sur le champ. Sous l'Ancien Empire, les ouvriers des mines et des carrières sont des paysans égyptiens, mobilisés pendant la saison de la crue du Nil. Plus tard, les pharaons préfèreront envoyer des prisonniers de guerre, car les conditions de travail sont si dures que de nombreux hommes y meurent chaque année.

Une région aride mais riche

Les minerais qui permettent de produire le cuivre et le bronze sont extraits des étendues désertiques orientales. On trouve aussi de nombreuses pierres précieuses et semi-précieuses : améthyste, émeraude, lapis-lazuli. Les ouvriers sont approvisionnés en nourriture par des caravanes qui leur apportent le blé dont ils font leur pain, de l'ail et des fruits secs. Ils boivent de l'eau de pluie, recueillie grâce à un ingénieux système de canalisations creusées dans la montagne et reliées à de profondes citernes.

Extraction difficile

Les plus gros efforts sont consacrés à l'extraction des pierres, notamment le basalte, le granit et la diorite qui servent à la construction des grands monuments pharaoniques. Ces roches se trouvent sous la forme de filons ou de bancs dans les sous-sols désertiques. Pour détacher des blocs, les ouvriers creusent des entailles, y enfoncent des morceaux de bois qu'ils mouillent jusqu'à ce qu'ils gonflent et fassent éclater la roche. Un long travail !

Un retour pénible

Mais le plus pénible suit : après son extraction, la pierre est taillée sur place, puis transportée sur des traîneaux tirés à mains d'hommes, parfois sur des dizaines, voire des centaines de kilomètres, depuis la carrière jusqu'à la vallée du Nil. Sur le parcours, la sécurité des ouvriers est assurée par l'armée du pharaon qui tient les pillards à l'écart. Les hyènes et les chacals n'osent pas non plus s'approcher des convois. En fait, c'est la chaleur et l'épuisement qui provoquent la mort de nombreux travailleurs.

SCULPTÉS SUR PLACE

Les blocs destinés à l'architecture, les statues colossales, les sphinx et les obélisques sont le plus souvent sculptés sur place, afin de réduire au maximum leur poids avant de les acheminer vers la vallée du Nil. Il arrive que des œuvres se brisent avant d'avoir été terminées. On les abandonne sur place.

LE CALCAIRE FACILE À TAILLER

Le calcaire est la pierre la plus facile à extraire et à sculpter, mais c'est aussi la moins résistante. Les artistes ne l'utilisent le plus souvent que pour s'entraîner. Ils possèdent des modèles de statues en calcaire de petites dimensions qu'ils emportent avec eux dans le désert et dont ils s'inspirent pour réaliser les colosses.

▲ Vue du « désert blanc » dans le désert libyque.

Peinture décorant ▶ la tombe de Rekhmiré, vizir de la 18e dynastie : des artisans sculpteurs fabriquent des statues colossales.

Coupe en albâtre provenant du trésor de Toutankhamon. 18e dynastie. ▼

L'ALBÂTRE, UNE MATIÈRE RAFFINÉE

L'albâtre est une pierre calcaire translucide relativement fragile. C'est une très belle matière blanche que les Égyptiens utilisent pour fabriquer de la vaisselle de luxe ainsi que des statuettes et des objets de petites dimensions qui décorent l'intérieur des palais et les maisons des riches.

POUR LE PLAISIR DES JOAILLIERS

Les pierres précieuses et semi-précieuses rapportées des expéditions dans les lointains déserts sont confiées aux joailliers du pharaon. Ils les taillent en forme d'amulettes ou de minuscules statuettes et les montent en bijoux. D'une grande variété de couleurs et de reflets, elles leur ont permis de réaliser de magnifiques parures.

LE TRAVAIL DES PIERRES DURES

Les sculpteurs et architectes égyptiens emploient des pierres extrêmement dures comme le granit et la diorite. C'est ce qui explique l'extraordinaire état de conservation de certaines œuvres et des temples. Après les avoir sculptées, il fallait encore polir les statues avec du sable jusqu'à ce qu'elles deviennent parfaitement lisses.

◀ Éventail d'or, orné de lapis-lazuli et de pierres précieuses, provenant du trésor de Toutankhamon. 18e dynastie.

DU FER QUI VAUT DE L'OR !

Le fer n'est apparu en Égypte que très tardivement, à la fin du Nouvel Empire. Les pharaons l'importent de Grèce où ils l'achetent à prix d'or. Il est exclusivement utilisé pour fabriquer des armes. Ramsès II porte une dague de fer attachée à la ceinture.

« Je suis **Khonsou**, le dieu de la

- **NOM** : Khonsou
- **PÈRE** : Amon
- **MÈRE** : Mout
- **FONCTIONS** : dieu de la lune, dieu médecin
- **CARACTÉRISTIQUE** : incarne la lune
- **ATTRIBUTS** : le disque et le croissant lunaires, les sceptres royaux, un doigt à la bouche, une mèche d'enfant

fils d'Amon et de la déesse Mout.
Mon nom veut dire « Celui qui traverse le ciel ». Au Nouvel Empire, j'ai acquis de nouvelles fonctions : les pharaons ont fait de moi le protecteur des princes de sang royal. On me figure comme un petit pharaon portant les insignes du pouvoir et mettant un doigt dans la bouche, comme le font les enfants.

Mais je suis surtout devenu le dieu médecin, celui qui soigne les malades et chasse les mauvais esprits responsables des douleurs et des souffrances.

Pour les Égyptiens, je me dédouble. Il y a en moi deux **Khonsou** : « le Petit » qui reste éternellement jeune, et « Celui qui est devenu grand ». Lorsque je prends la forme du Grand, je joue le rôle de médecin-chef. Puis, je deviens le Petit pour rendre visite aux malades. Mais c'est sous l'aspect du Grand que je reçois, en retour, les cadeaux des patients guéris.

Je peux soigner tout le monde, les Égyptiens et les étrangers, comme a pu le constater le pharaon **Ramsès II**. Sa Majesté avait épousé **Néférourê**, fille du prince de Bakhtan qui régnait alors

lune, de la médecine,

en Syrie. Un jour, un messager s'est présenté, porteur d'une triste nouvelle pour **Néférourê** : sa sœur adorée, la princesse **Bentrech**, était en train de mourir, atteinte d'une maladie incurable. Tous les médecins de Bakhtan avaient échoué à son chevet. Alors, **Ramsès** m'a rendu visite dans mon temple de Thèbes. Il m'a demandé si je pouvais guérir **Bentrech**. Ma statue a incliné deux fois la tête pour lui signifier que j'en étais capable. Puis j'ai donné l'ordre que la statue du Petit **Khonsou** se rende à Bakhtan. Le voyage a duré 17 mois.

À l'issue de celui-ci, j'ai enfin pu voir dans le cœur de **Bentrech** le génie errant qui était en train de la faire mourir et je lui ai ordonné de s'en aller, ce qu'il a fait aussitôt. On ne résiste pas à la puissance de **Khonsou** ! Les nombreuses guérisons miraculeuses dont je suis l'auteur m'ont rendu très précieux aux Égyptiens et même à d'autres peuples. »

Les humains et moi

Moi, Khonsou, je suis un dieu indispensable aux Égyptiens. Ils n'ont franchement pas beaucoup de connaissances médicales, à part pour soigner les petites blessures quotidiennes. Et encore ! Parfois, leurs remèdes ne font qu'aggraver l'infection. Et puis, ils confondent sans cesse la médecine et la magie. Quel dommage !

Dès qu'ils tombent malades, ils deviennent très superstitieux, ils croient que des statues, des stèles et des inscriptions sacrées peuvent les guérir ! Ils achètent aux prêtres des cruches remplies d'une eau qui a ruisselé sur mes idoles, et ils la boivent ! Ils feraient mieux de garder leur argent pour bien se nourrir.

Non, je ne me moque pas d'eux, il faut bien qu'ils aient un espoir de guérir. Mais ils ne font ainsi qu'enrichir des prêtres qui pourtant ne manquent de rien. Ceux-ci ont décrété, il est vrai, qu'ils avaient le monopole de la médecine. Cela me désole, mais je n'y peux rien...

De plus, mon dédoublement arrange tout à fait les médecins des temples. Ma principale statue, celle dite du Grand **Khonsou** reste sagement à sa place dans le temple, tandis que les Petits **Khonsou** sont des statuettes légères et portatives qui peuvent à tout moment être emportées auprès d'un patient, moyennant finance. Comme ils sont rusés, ces prêtres !

LES ÉGYPTIENS ET LA MÉDECINE

Les Égyptiens de l'Antiquité ne font pas la différence entre la médecine et la magie. Crèmes et onguents permettent de soigner petites blessures, brûlures et piqûres d'insectes. Mais pour les maladies graves, on a recours à la magie.

Il y a de nombreux médecins en Égypte. Ils appartiennent à la caste des prêtres, car ils ont appris leur métier dans les écoles de médecine des grands temples. Au Nouvel Empire, les médecins les plus réputés sortent de l'école du sanctuaire de Khonsou à Thèbes. Plus tard, à la Basse Époque, les sanctuaires consacrés à Imhotep fournissent aussi d'excellents médecins, de même les temples de Sérapis sous la dynastie des Ptolémées.

Deux sortes de médecins

Les médecins qui viennent de terminer leurs études doivent le plus souvent choisir entre deux spécialités : ou bien ils soignent ce qu'ils appellent les « maladies visibles », c'est-à-dire les blessures, les piqûres, les inflammations, les allergies, etc., ou bien ils se consacrent aux « maladies mystérieuses », c'est-à-dire à toutes celles, nombreuses, pour lesquelles aucune cause extérieure n'est clairement identifiable.

De bonnes connaissances

Les papyrus médicaux nous montrent que les Égyptiens de l'Antiquité ont une bonne connaissance du corps humain et même de l'anatomie interne, car ils pratiquent la dissection sur des cadavres d'ennemis. À l'époque des Ptolémées, les médecins d'Alexandrie ont même découvert la circulation du sang dans les veines. C'est un grand progrès, mais qui sera vite oublié par la suite. Cependant, les médecins d'Égypte ignorent le rôle des principaux organes, à commencer par le cœur auquel ils n'accordent que peu d'importance.

Attention aux remèdes

Les médecins égyptiens confectionnent des remèdes qui ne sont pas toujours efficaces et peuvent parfois se révéler dangereux pour la santé. C'est le cas de la bouse d'hippopotame et des chiures de mouches qu'on applique sur les plaies purulentes. Par contre, l'urine et la bave de chien, qu'on utilise pour laver les blessures, ont réellement des vertus cicatrisantes. Pour soigner les « maladies mystérieuses », on utilise des amulettes, c'est-à-dire de petites statuettes et objets qu'on croit dotés de pouvoirs magiques.

Des soins de luxe

À côté des sanctuaires de Khonsou, Imhotep et Sérapis se trouvent des hôpitaux où les malades peuvent venir se faire soigner. Les soins sont très chers. Pour les maladies graves, les séjours peuvent durer des semaines, voire des mois ou des années. Les malades sans argent se contentent de s'installer dans des tentes à l'extérieur des hôpitaux. Ils pensent qu'ils ont une petite chance de guérir grâce à la proximité du temple et des statues guérisseuses.

▲ **Instruments de chirurgie en bronze, conservés au musée d'Histoire de la Médecine à Paris.**

Des instruments de pointe

Les chirurgiens égyptiens possèdent toute une gamme d'instruments pour opérer leurs patients : des couteaux taillés dans des silex très tranchants, des crochets, des pinces et des pincettes en bronze. Des trépans, sortes de grosses vis également utilisées par les menuisiers, servent à perforer les os, en particulier la boîte crânienne.

Des pratiques modernes

Les chirurgiens égyptiens savent remettre un os en place après une fracture grâce à des bandages en lin. Les dentistes arrachent les dents cariées avec des pinces en bronze. Pour les riches, ils tentent de fixer des dents en ciment, avec plus ou moins de succès, comme le prouve l'examen des momies retrouvées.

▲ *Imhotep trônant devant des instruments de chirurgie et une chaise d'accouchement. Bas-relief. Époque ptolémaïque.*

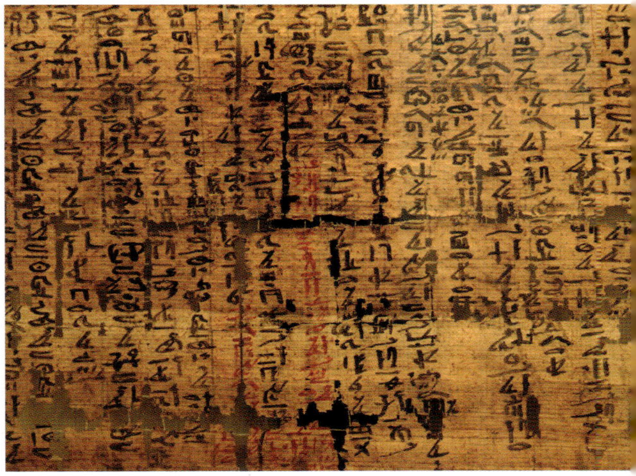

▲ Papyrus contenant des remèdes pour soigner les morsures de serpent et les maladies des yeux. Nouvel Empire. 19e dynastie.

Papyrus médicaux

Les médecins égyptiens répertorient les maladies qu'ils connaissent dans des traités de médecine écrits sur des papyrus. Les symptômes sont minutieusement décrits et des remèdes sont proposés. Selon ces papyrus, il faut boire du lait pour calmer la toux, manger du miel pour soigner les affections respiratoires et appliquer du pâté de foie sur ses paupières quand on a mal aux yeux.

Du côté du crâne

Pour tenter de guérir les violentes fièvres et les terribles maux de tête, les médecins pratiquent la trépanation. Ils perforent le crâne du patient pour, pensent-ils, en faire sortir les mauvais esprits responsables de la maladie. Le trou est ensuite refermé à l'aide d'un bouchon en or. Beaucoup de malades devaient mourir au cours de cette opération.

Enceinte ou non ?

Aux femmes qui ne veulent plus avoir d'enfants, les médecins prescrivent l'application sur le bas-ventre d'une pommade à base d'excréments de crocodiles. Pour savoir si une femme est enceinte, on prélève son urine et on en arrose des grains d'orge et de blé. S'ils germent, c'est qu'elle attend un enfant. Si l'orge pousse en premier, c'est sans doute un garçon !

▲ *Amulette figurant le génie guérisseur Bès. Basse Époque.*

Produits miracles

Certains temples accueillent les malades qui viennent vénérer des stèles et des statues guérisseuses. Représentant le Petit Khonsou, ces statuettes sont appliquées sur la poitrine des malades. Les prêtres vendent aussi aux malades de l'eau qui a été versée sur les statues magiques. Cette boisson miraculeuse est censée les guérir.

« Je suis Apis, le dieu de la force

- **NOM** : Apis
- **PÈRE** : Ptah
- **MÈRE** : une vache
- **FONCTIONS** : incarne la puissance virile et la force masculine
- **CARACTÉRISTIQUES** : demi-dieu de son vivant, dieu après sa mort
- **ATTRIBUT** : le disque solaire

fils de Ptah, le grand dieu de

Memphis, au nord de l'Égypte, et d'une vache. Alors qu'elle paissait tranquillement dans un champ, près du temple de mon père, **Ptah** l'a remarquée et elle lui a plu. Il s'est alors transformé en foudre et, pendant un orage, il s'est uni à ma mère. C'est ainsi qu'elle est tombée enceinte de lui. Je suis un beau taureau noir tacheté de blanc.

J'ai d'abord été élevé par des paysans. Puis, un beau jour, le grand prêtre de **Ptah**, alerté par mon père, est venu me chercher. Il m'a enlevé à ma mère pour m'installer dans une étable à l'intérieur du temple de **Ptah**, afin que mon divin père puisse venir tous les jours m'embrasser.

Pendant ma vie terrestre, je n'étais qu'un demi-dieu, car ma mère était une vache mortelle. Après avoir vécu une trentaine d'années, je suis mort comme tout animal. Les Égyptiens m'ont longuement pleuré car ils s'étaient habitués à ma présence. Ils ont momifié mon corps avec beaucoup de soins et m'ont organisé de somptueuses funérailles. Puis mon « ba » a rejoint l'Au-delà. **Osiris** m'a accueilli dans son royaume et je suis devenu son double, un dieu des morts de forme animale, appelé **Osiris-Apis**.

Pendant ce temps, mon père a fécondé une nouvelle vache. Elle a donné naissance à un nouvel animal qui a pris ma place sur terre. Le grand prêtre de **Ptah**, instruit par mon père, a su le reconnaître parmi tous les jeunes taureaux de Memphis. Il est ma réincarnation terrestre, le nouvel **Apis**, comme tous mes successeurs. Si mon père cessait d'avoir des descendants

physique, de la virilité,

avec des vaches mortelles, l'équilibre du monde serait rompu, les champs cesseraient de produire des fruits et les morts ne pourraient plus renaître.

C'est moi qui accompagne le pharaon au combat. Je lui donne sa force physique quand il écrase ses ennemis. Comme moi, on l'appelle « le taureau puissant ».

Et gare à ceux qui ne croient pas en ma puissance ! Un jour, le roi perse **Cambyse**, envahisseur de l'Égypte, s'est moqué de moi. Il a blessé avec son épée l'**Apis** vivant. Peu après, pour me venger, je l'ai fait sombrer dans la folie et je l'ai obligé à se suicider avec la même épée. Il ne fait pas bon m'humilier ! »

Les humains et moi

Moi, Apis, le dieu taureau, j'apprécie beaucoup ma belle forme animale. Les habitants de Memphis me dorlotent. Ils m'aiment, me nourrissent, me caressent. Ils me chantent des poèmes et des prières. Mais, l'amour des Égyptiens pour les animaux a tout de même de sérieuses limites. Ils ont la mauvaise manie de nous tuer après nous avoir câlinés pendant des années.

En fait, les Égyptiens ne supportent pas qu'une bête sacrée ou un animal de compagnie devienne vieux ! Ils pensent que c'est dangereux pour eux-mêmes. Ils croient qu'il peut leur arriver malheur à cause de leurs animaux âgés ou malades. Et ils sont très superstitieux. Du coup, ils prennent les devants et ne laissent pas aux bêtes le temps de décliner. Ils les poignardent ou les égorgent avant leur vieillesse, parfois beaucoup trop tôt. Ils pratiquent cela de manière très exagérée !

Moi, le dieu taureau, je trouve ça ridicule. Parfois même, ça me révolte ! Parmi les momies d'animaux, on trouve des petits babouins, des chats et des ibis qui ont été tués bien trop jeunes ! Ah, ces humains, comme ils peuvent être excessifs !

LES ÉGYPTIENS
ET LES ANIMAUX

CHEZ LES DIEUX ÉGYPTIENS, IL N'Y A PAS DE FRONTIÈRE ENTRE LES HOMMES ET LES ANIMAUX. UNE MÊME DIVINITÉ PEUT PRENDRE DIVERSES APPARENCES : FORME HUMAINE DE LA TÊTE AUX PIEDS, CORPS HUMAIN ET TÊTE D'ANIMAL, OU APPARENCE TOTALEMENT ANIMALE.

De nombreux dieux ont aussi des aventures avec des bêtes vivantes dont les enfants sont, du coup, considérés comme des demi-dieux. On leur rend un culte avant et après leur mort. Mais tous ces enfants divins n'ont pas le même statut. Les fils « uniques » comme Apis sont l'équivalent de véritables rois. Les enfants « multiples », eux, ne sont que des serviteurs.

Les Uniques

Les Uniques sont presque toujours des taureaux : le plus important est Apis, fils de Ptah, adoré à Memphis; mais Rê a lui aussi un enfant avec une vache : le taureau Bouchis, élevé dans le sanctuaire d'Héliopolis. Ils se succèdent comme des souverains dans les étables des temples où ils sont nourris et élevés. À leur arrivée, ils sont officiellement intronisés par les prêtres et, à leur mort, ils reçoivent de somptueuses funérailles. Les taureaux Apis sont momifiés comme des pharaons.

Les Multiples

Thot multiplie les relations amoureuses avec des oiseaux et des singes. Il féconde à la fois des femelles ibis et des babouines. La déesse Bastet a, elle, des portées avec des chats, et Sobek se reproduit avec des crocodiles femelles. Mais tous les animaux ne sont pas sacrés : seuls le sont ceux qui ont été désignés par les prêtres. Les autres animaux sont traités normalement. Toute ville et même tout village a ses animaux sacrés. Ces bêtes qu'on honore en les nourrissant mieux que les autres et en leur adressant des prières, font partie intégrante de la vie quotidienne.

Les funérailles des animaux sacrés

À leur mort, comme les hommes, toutes ces bêtes sont momifiées et enterrées dans de vastes sépultures souterraines que les prêtres rouvrent à chaque nouvel enterrement. Le pharaon en personne assiste aux funérailles des animaux uniques. Il ne manque pas, ensuite, de leur rendre un culte funéraire dans des chapelles qui leur sont dédiées. C'est le peuple qui finance les enterrements des multiples, beaucoup moins somptueux.

Les animaux non sacrés

Une foule d'animaux domestiques non sacrés vivent aux côtés des Égyptiens. Les bœufs tirent les charrues des paysans, les moutons et les cochons piétinent les champs pour enfoncer les grains. Les ânes et mulets transportent les outils et les récoltes. Les riches possèdent aussi des chats et des singes de compagnie. À l'inverse, les bêtes sauvages sont craintes des Égyptiens : hippopotames, crocodiles, chacals ou sauterelles représentent un danger permanent pour les hommes comme pour les récoltes.

▲ ***Statuette du dieu Thot en babouin. Époque ptolémaïque.***

SACRÉ PAPA !

Quatre millions de momies d'ibis ont été retrouvées dans une nécropole des fils de Thot à Saqqara, près de Memphis. Cette nécropole a été en service pendant 300 ans. En moyenne, Thot avait donc plus de 30 000 enfants par an, rien qu'à Memphis.

UNE ACTIVITÉ TRÈS RENTABLE

Le nombre de momies animales retrouvées dans toute l'Égypte montre que la momification des animaux sacrés, financée par le peuple égyptien, était pour les prêtres une activité à plein temps et une importante source de revenus.

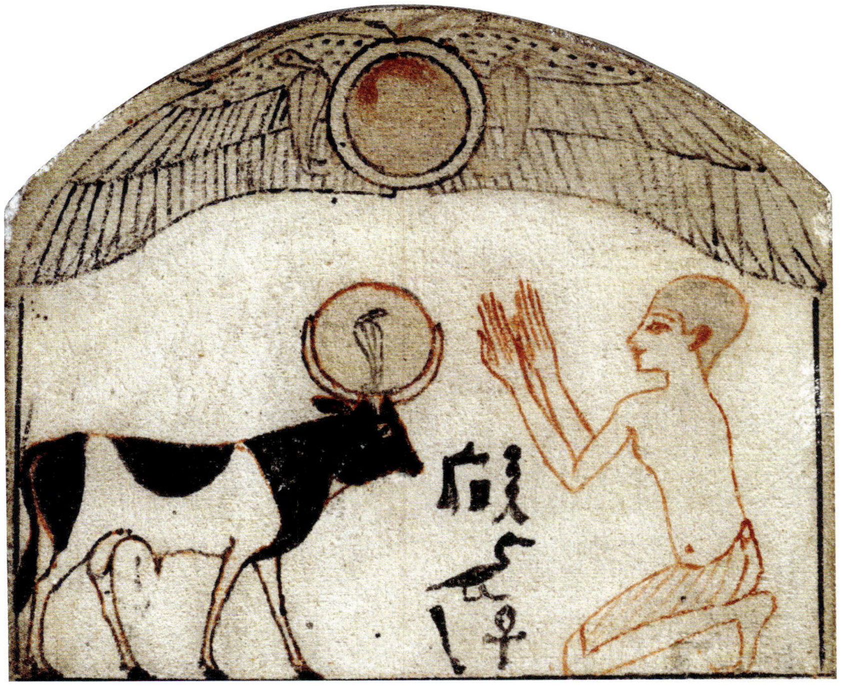

▲ Stèle du Sérapéum, calcaire peint. Adoration du dieu Apis. Basse Époque.

Pas de chevaux divins

Le cheval est introduit tardivement en Égypte, à la fin du Moyen Empire, par les envahisseurs hyksos. Au Nouvel Empire, le pharaon l'intègre dans son armée qui dispose d'une puissante cavalerie de chars. Très utile à la guerre comme à la chasse, le cheval n'a pourtant jamais été divinisé par les Égyptiens.

▼ Guerrier à cheval. Tombe d'un haut dignitaire. 18e dynastie.

▲ Défunte adorant un crocodile sacré. Dessin d'un Livre des morts. Nouvel Empire.

Gentils crocodiles

Les crocodiles sacrés, élevés et nourris dans des bassins aménagés dans les temples de Sobek, appartenaient à des espèces inoffensives pour l'homme. En allant les nourrir, les fidèles ne risquaient donc pas de se faire dévorer.

◀ La déesse chatte Bastet. Sculpture de bronze. Basse Époque.

Un poisson apprécié

Parmi les animaux sacrés, le cas du poisson Oxyrhynque est un peu à part. Le premier Oxyrhynque devenu divin est celui qui avait avalé le sexe d'Osiris, coupé par Seth et jeté dans le Nil. Sa descendance est considérée comme divine.

La meilleure amie de l'homme

Bastet est souvent figurée comme une chatte domestique, dressée sur ses pattes avant. Parfois allongée, elle est occupée à allaiter ses petits. Ces statuettes, très nombreuses, témoignent de la grande popularité de la déesse et de ses enfants. Elle est un symbole de protection.

« Je suis Imhotep, le protecteur

- **NOM** : Imhotep
- **PÈRE** : Thot
- **PÈRE ADOPTIF** : Ptah
- **MÈRE** : Kheredouânkh
- **FONCTION** : protège les architectes
- **CARACTÉRISTIQUES** : très sage et très savant ; demi-dieu de son vivant, dieu après sa mort
- **ATTRIBUT** : le livre en papyrus

fils de Thot et de Kheredouânkh, adopté par **Ptah**. Ma mère était une princesse mortelle, fille d'un pharaon de l'Ancien Empire. À cette époque, les princesses pouvaient devenir scribes. **Kheredouânkh** suivait donc des cours d'écriture dans l'école du temple de **Thot**. Et le dieu qui y vivait est devenu amoureux d'elle. Elle était si belle et si intelligente ! Mais **Kheredouânkh** est tombée enceinte. Quand il s'en est rendu compte, le pharaon s'est mis en colère, car sa fille n'était pas mariée. Il l'a chassée du palais. Alors **Thot** lui est apparu en songe et il lui a révélé ce qui s'était passé dans le temple. **Kheredouânkh** a été autorisée à revenir auprès de son père. Elle a accouché et m'a élevé au palais.

Devenu grand, j'ai inventé l'architecture en pierres taillées et j'en ai révélé les règles au pharaon. J'ai fait construire pour lui la première pyramide. En tant que fils de **Thot**, j'ai aussi fait progresser l'usage de l'écriture hiéroglyphique et j'ai réalisé des découvertes médicales qui m'ont permis de soigner de nombreux Égyptiens. En creusant des puits et

des architectes,

des canaux, en chassant les sauterelles et autres insectes de la vallée du Nil, j'ai également réussi à empêcher toutes les calamités qui menacent les paysans.

À ma mort, je suis devenu un dieu à part entière et je l'ai fait savoir à tous les hommes. Dans un premier temps, les prêtres de **Ptah**, à Memphis, se sont opposés à la construction de mon temple. Ils ont même fait traduire en justice mes fidèles. Mais moi, je leur ai montré de quoi j'étais capable. Au milieu du jugement, je suis apparu sous la forme d'un gigantesque scarabée ailé et j'ai menacé de massacrer tous ceux qui ne croyaient pas en ma puissance. Alors les prêtres de **Ptah** sont tombés à terre et ont imploré mon pardon. Je les aurais sans doute tués, si **Ptah** lui-même n'était intervenu. Il m'a demandé de leur pardonner leur ignorance. Puis il m'a adopté comme son fils et je suis devenu le nouveau grand dieu de Memphis. »

Les humains et moi

Moi, Imhotep, je suis devenu le protecteur des architectes, car moi-même avant d'être un dieu, j'ai été un grand architecte, celui de la première pyramide ! Mais je ne sais pas si je dois en être fier… En effet, combien d'hommes ont souffert ou sont morts pour les construire ? Les pharaons n'aiment que les monuments gigantesques édifiés à leur gloire. Ils sont égoïstes et complètement mégalomanes.

Pauvre peuple ! Les Égyptiens peinent toute leur vie, sans repos ni vacances, et cela un peu à cause de moi. En raison de la crue du Nil, les paysans ne travaillent que 9 mois par an dans leurs champs. Mais pendant les 3 mois restant, le pharaon ne leur accorde aucun répit. Ils doivent se transformer en ouvriers, obligés de travailler sur les chantiers des temples et des pyramides. Et il y a toujours plus de monuments à construire ! C'est une vraie obsession pour les pharaons.

Pour moi, l'architecture est utile quand elle permet d'améliorer les conditions de vie des hommes. Mais franchement, ce n'est vraiment pas le cas de l'architecture pharaonique ! Ce n'est qu'un moyen pour opprimer et épuiser le peuple, en satisfaisant la folie des grandeurs des pharaons. Je le déplore.

LES ÉGYPTIENS ET L'ARCHITECTURE

LES PHARAONS FONT CONSTRUIRE D'IMMENSES ÉDIFICES DANS LEUR ROYAUME, EN PARTICULIER DES PYRAMIDES ET DES TEMPLES. POUR RÉALISER CES CONSTRUCTIONS D'ARCHITECTURE « PHARAONIQUE », ILS RÉQUISITIONNENT LEURS SUJETS ET EMPLOIENT D'EXCELLENTS ARCHITECTES.

Les premières constructions égyptiennes remontent à la Ire dynastie, vers 3000. Il s'agit de monuments en briques de faibles dimensions et relativement peu solides. Vers 2800, Imhotep, vizir et architecte en chef du pharaon Djoser, invente l'architecture en pierres taillées. Il fait édifier pour son maître l'ensemble funéraire de Saqqara, la nécropole de Memphis, qui comprend la pyramide du pharaon et plusieurs chapelles.

Temples et tombeaux

Le pharaon commande à son architecte en chef la construction de deux types de monuments : des temples et des tombeaux. L'architecture en pierres taillées est destinée à glorifier le roi et les dieux. Les deux sont d'ailleurs liés, le pharaon espère rendre son nom immortel en le faisant graver dans la pierre et en l'associant à celui des plus grandes divinités. Toutes les richesses accumulées chaque année par le souverain servent en priorité à financer ces grands travaux pharaoniques.

Des pyramides pour monter au ciel

La taille des monuments est révélatrice de la puissance du royaume. Sous l'Ancien Empire, les pharaons comme Djoser ou Khéops consacrent l'essentiel de leurs ressources à l'édification de la pyramide qui doit les aider à monter au ciel. Ils croient que les pyramides faciliteront l'élévation de leur « ba ». Au pied des pyramides, des chapelles et des temples funéraires permettent aux familles royales de venir honorer les morts et leur « ka ».

Des temples de plus en plus grands

Au Nouvel Empire, les pharaons ne se font plus construire de pyramides, parce qu'elles sont trop facilement la proie des pillards. Ils préfèrent se faire ensevelir dans des sépultures souterraines, beaucoup plus discrètes, appelées « hypogées ». Par leur gigantisme, les temples prennent le relais des pyramides. Thoutmôsis III, Aménophis III et Ramsès II sont les plus grands bâtisseurs de sanctuaires colossaux dédiés aux grands dieux, comme le grand temple d'Amon à Karnak.

La construction des pyramides

L'édification d'une pyramide dure entre 10 et 20 ans. Les ouvriers sont répartis en équipes dirigées par des contremaîtres qui obéissent aux ordres des architectes responsables du chantier. Seuls les contremaîtres et les architectes sont des professionnels payés par le pharaon. Pour la masse des ouvriers, le travail est une corvée obligatoire en échange de laquelle ils n'obtiennent qu'un peu de nourriture. Les blocs des pyramides sont hissés sur des rampes faites de terre et de briques. Celles-ci sont élevées en même temps que la pyramide.

LES ARCHITECTES, DES SPÉCIALISTES

L'architecture est une spécialité réservée aux meilleurs élèves sortis des écoles de scribes. Ils intègrent l'école du Palais royal qui forme l'élite du royaume dans diverses disciplines. À partir de l'Ancien Empire, chaque pharaon a son architecte en chef. En fait, bien plus qu'un architecte, c'est un véritable ministre qui peut se voir confier diverses fonctions, comme Imhotep à l'époque de Djoser ou Amenhotep, fils de Hapou, sous Aménophis III.

◄ **Artisan prenant des mesures pour la construction d'un mur. Tombe de Rekhmiré, Thèbes. 18e dynastie.**

KHÉOPS LA PLUS HAUTE

La pyramide de Khéops, pharaon de la 4e dynastie, est la plus haute jamais élevée en Égypte. Elle mesure encore 137 m de haut, soit à peine 9 m de moins qu'à l'origine. Sa pointe ou pyramidion, qui était en or massif, a disparu dès l'Antiquité.

▲ Le temple d'Isis sur l'île de Philae. Époque ptolémaïque.

Une architecture sans surprise

C'est au Nouvel Empire et à l'époque des Ptolémées qu'ont été édifiés les plus grands temples égyptiens. Le plan est toujours à peu près le même : une allée bordée de sphinx mène à une façade monumentale. La porte donne accès à une vaste cour, puis à une succession de salles à colonnades qui s'étendent jusqu'au Saint des Saints, la partie la plus sacrée où se trouve la statue du dieu.

◀ Vue des pyramides de Gizeh. 4ᵉ dynastie.

Trois pyramides pour un seul pharaon

Le pharaon Snéfrou, père de Khéops, s'est fait bâtir trois pyramides. La première, à Meidoum, est à degrés. La deuxième, à Dahshour, est rhomboïdale, c'est-à-dire lisse, mais avec un changement d'inclination à mi-hauteur. La troisième, également à Dahshour, est lisse et ses faces sont parfaitement droites. C'est celle que choisit Snéfrou comme lieu de sépulture.

▲ Allée de sphinx à tête de bélier. Temple d'Amon-Rê, Thèbes. Nouvel Empire.

Khéphren le malin

La pyramide de Khéphren, à l'origine haute de 142 mètres, est un peu plus petite que celle de son père, Khéops, qui mesurait 146 mètres. Elle paraît cependant plus grande : l'architecte de Khéphren l'a fait construire sur une plateforme naturelle plus élevée que le reste du site de Gizeh.

« Je suis Maât, la déesse des lois,

- **NOM** : Maât
- **PÈRE** : Rê
- **FRÈRES ET SŒURS** : Chou, Tefnout, Thot, Sekhmet, Hathor
- **ÉPOUX** : Thot
- **FONCTIONS** : déesse de la justice et de toutes les règles
- **CARACTÉRISTIQUES** : très sage, réfléchie et modérée
- **ATTRIBUT** : la plume très légère

de la justice. Les hommes, ces êtres turbulents, se sont plusieurs fois révoltés contre mon père. Ils voulaient renverser **Rê** pour prendre sa place et contrôler le monde. Les inconscients ! **Rê** n'a même pas eu à se détourner de sa course quotidienne à travers le ciel pour les reprendre en main.

La première fois, il a envoyé ma sœur, **Hathor**, qui les a réprimés dans le sang. La seconde fois, il a préféré m'envoyer moi, **Maât** la plus sage de ses filles. J'ai durement puni les hommes, mais sans excès ni carnage. Je les ai condamnés à travailler dur toute leur vie.

C'est seulement après une existence terrestre pénible qu'ils pourront profiter des plaisirs de l'Au-delà. Ils devront mériter leur entrée au paradis en peinant beaucoup, en obéissant et en disant toujours la vérité au pharaon, aux prêtres et aux scribes. Voilà les nouvelles conditions de vie que je leur ai imposées à cause de leur propre bêtise ! Et gare à eux s'ils cherchent à enfreindre mes lois, car je vois tout et je sais tout.

Je tiens le compte précis de toutes les infractions qu'ils commettent. J'inscris la moindre faute dans leur cœur qui devient chaque fois plus lourd. Lors du jugement d'**Osiris**, il doit être très léger, plus encore que ma plume. Sinon, ces pauvres êtres humains n'ont pas le droit d'entrer au « Per Djet » et le monstre **Ammout** les dévore.

Quand **Rê** a laissé le pouvoir à **Osiris**, je suis devenue la conseillère du pharaon. C'est moi qui lui ai dicté les lois qu'il a imposées aux hommes. J'ai pensé à tout : l'agriculture, l'artisanat, l'art. Rien n'est laissé au hasard. Tout est soigneusement codifié par moi. J'ai imposé des règles très strictes aux artistes : ils n'ont pas le droit de sculpter ou de peindre ce qu'ils veulent ni comme ils le veulent, sous peine d'être punis de coups de fouet. Sachez qu'à Hermopolis, je suis aussi la compagne de **Thot**, le dieu de l'intelligence et de l'écriture. À ce titre, je suis qualifiée pour juger de tous les écrits ! »

de l'équilibre,

Les humains et moi

Moi, Maât, la déesse des lois, des règles et de la vérité, je suis très exigeante envers les artistes égyptiens ! Ils n'ont aucune liberté d'imagination. Ils ne peuvent pas représenter les hommes selon leur inspiration. Les portraits n'ont pas besoin d'être réalistes, surtout quand il s'agit du pharaon et de sa famille. Le roi d'Égypte est forcément jeune, beau et musclé ! C'est aussi un géant, parfois dix fois plus grand que les scribes et les prêtres qui l'entourent. Il a la même taille que les dieux. Sa femme, la reine, est obligatoirement la plus séduisante des épouses. Les pharaons doivent apparaître comme les incarnations de la beauté. J'en ai moi-même profité : les artistes m'ont toujours représentée belle et élancée comme **Isis** ou **Hathor** ! C'est plus agréable, non ? Évidemment, la réalité est très différente : les vieux rois et les vieilles reines, comme les hommes du peuple, sont ridés et édentés. Il n'y a qu'à voir leurs momies. Elles prouvent bien qu'ils ne ressemblent pas à des dieux. Mais, chut ! Ça doit rester secret !

La peinture est encore moins réaliste que la sculpture. C'est toujours les mêmes poses qui sont figurées. J'ai décidé que le visage doit être de profil et les épaules de face. Je suis aussi la déesse de l'équilibre ! C'est vrai qu'il n'est pas facile de marcher ainsi, mais c'est mon choix ! Et les Égyptiens n'ont qu'à obéir !

LES ÉGYPTIENS
L'ART ET SES RÈGLES

Dans l'Égypte des pharaons, l'art et l'artisanat ne sont pas des activités libres. Il s'agit d'une entreprise de propagande à la gloire du couple pharaonique et de ses dieux. Les artistes ne signent jamais leurs œuvres, car ils ne sont que des instruments du pouvoir.

Les artistes et les artisans travaillent dans des ateliers placés sous le contrôle du pharaon ou de la reine qui sont leurs principaux commanditaires. Ils ne sont que de simples exécutants. Ils ne signent jamais leurs œuvres. Les peintures, les statues, les bijoux et mêmes les meubles ne portent que les noms du couple royal inscrits dans des cartouches. L'artisanat est un monopole de l'État et toutes les productions lui appartiennent.

Productions d'État

L'artisanat égyptien est placé, comme la production agricole, sous l'entière direction de l'État. Les ateliers appartiennent tous au pharaon ou à la reine d'Égypte. Seuls les grands prêtres reçoivent l'autorisation de diriger leurs propres manufactures sur les territoires et dans les villages qui dépendent des grands temples. C'est une sorte de concession qui n'est pas gratuite, puisque le clergé doit chaque année payer à l'État un impôt sur ses productions.

Des artisans aux ordres

Les artisans occupent une position sociale supérieure à celle des paysans, mais bien inférieure à celle des scribes. Leur travail n'est pas très valorisant, sauf pour ceux qui ont été choisis par le roi ou la reine pour décorer leurs tombeaux et leurs chapelles funéraires. Au Nouvel Empire, les membres de la confrérie de la reine Ahmès-Néfertari constituent une élite d'artistes particulièrement choyés et très bien rémunérés. Ils rendent un culte à leur maîtresse qu'ils vénèrent comme une déesse.

Pas de place pour l'inspiration

Les artistes et les artisans ne sont pas libres de fabriquer ce qu'ils veulent, ni comme ils le veulent. Toute production est commandée et planifiée par l'administration pharaonique. Officiellement, les peintres et les sculpteurs « n'existent » pas en tant qu'artistes : ils doivent se contenter de reproduire les modèles qui leur sont imposés. Aucune place n'est laissée à l'inspiration personnelle. Le roi et la reine sont officiellement les seuls vrais artistes d'Égypte, leurs noms figurent sur quasiment tous les objets, depuis la minuscule amulette jusqu'à la statue colossale.

Des règles très strictes

L'artiste n'est pas censé créer une œuvre, il imite les canons officiels, c'est-à-dire un ensemble de règles comme la représentation du visage de profil et du corps de face dans la peinture. Le pharaon doit toujours avoir un corps musclé et athlétique. Il est dix fois plus grand que ses sujets. Quant à la reine, elle apparaît divinement belle, parfois presque nue, sous des vêtements légers ou transparents. Toute œuvre s'écartant des canons officiels est interdite et considérée comme une offense.

▲ ***Aménophis IV-Akhenaton et Néfertiti. Sculpture en calcaire peint. 18e dynastie.***

EN DEHORS DES RÈGLES

C'est seulement à l'époque d'Akhenaton et de sa réforme religieuse que l'art s'est éloigné des canons officiels. Le fils d'Aton se faisait représenter pourvu d'une mâchoire démesurée et d'un gros ventre. Cet art étonnant, dit « amarnien », du nom de Tell el-Amarna (le site de la capitale d'Akhenaton), s'explique par la volonté d'Akhenaton de rompre avec l'art de ses prédécesseurs.

▲ **Artisans au travail. Fresque d'un tombeau de Thèbes. 18e dynastie.**

Les « artistes royaux »

Les artistes apprennent leur métier dans des écoles attenant aux temples. Les plus doués poursuivent leurs études à l'école du Palais royal. Ils forment une élite : on les appelle les « artistes royaux ». Le pharaon leur confie la décoration de son tombeau et de ses palais. Ils sont bien payés, mais ils restent toujours anonymes. Aucun « maître » ne connaît la célébrité comme les artistes d'aujourd'hui.

Un travail répétitif

Pour les Égyptiens de l'Antiquité, il n'y a nulle différence, comme aujourd'hui, entre l'art et l'artisanat. La sculpture et la peinture, la fabrication de bijoux ou de meubles, ou encore la confection de momies dans les ateliers des temples, appartiennent à la même activité répétitive. Il ne s'agit jamais de vraies créations, mais de reproductions fidèles de modèles anciens et imposés.

Des artistes qui ne savent pas écrire

Les artistes égyptiens ne savent ni lire ni écrire, contrairement aux architectes qui sont des scribes. Ils recopient les textes hiéroglyphiques qui accompagnent presque toujours leurs peintures et leurs sculptures d'après des modèles sur papyrus fournis par des scribes. Ils commettent parfois des erreurs qu'ils corrigent après coup, comme on le voit encore sur certaines fresques et bas-reliefs.

Une reconnaissance méritée

Les seuls artistes égyptiens dont le nom est parvenu jusqu'à nous ont vécu à l'époque d'Akhenaton. Ainsi, c'est le sculpteur Thoutmôsis dont l'atelier a été retrouvé à Tell el-Amarna qui a réalisé les merveilleux portraits de la très célèbre reine Néfertiti.

▲ **Petit meuble décoré de scènes de la vie de Toutankhamon et son épouse. 18e dynastie.**

Un art d'éternité

L'art égyptien est fait pour assurer la survie des personnes représentées. Pour les Égyptiens, l'image est dotée d'un pouvoir créateur : elle donne vie à ce qu'elle représente. L'artiste est chargé d'assurer une sorte de continuité entre le monde des vivants et l'Au-delà en reproduisant l'image du défunt ou des scènes de sa vie quotidienne.

« Je suis Sérapis, le dieu de l'amitié grec et égyptien. Avec ma barbe

- **NOM** : Sérapis
- **PÈRE** : sans
- **MÈRE** : sans
- **FONCTIONS** : dieu de la paix et de la cohabitation entre les peuples
- **CARACTÉRISTIQUES** : divinité protectrice d'Alexandrie, dieu gréco-égyptien
- **ATTRIBUT** : calathos, symbole de fertilité

bouclée, mon nez parfaitement droit et ma toge, je ressemble à un Grec. Mais mes principales qualités sont celles du dieu égyptien **Osiris**. On peut dire qu'à part le physique, je lui ai presque tout emprunté, même sa femme, **Isis** !

Je suis le dernier des dieux apparus en Égypte. Je n'existais pas à l'époque des pharaons égyptiens. Ce sont les rois grecs d'Alexandrie, successeurs du conquérant **Alexandre le Grand**, qui ont instauré mon culte au IIIe siècle. Ils avaient besoin d'un dieu qui protège en même temps les deux peuples qui cohabitaient alors en Égypte, les Grecs et les Égyptiens.

Je suis apparu en rêve, une nuit, à **Ptolémée Ier**. Je lui ai ordonné d'envoyer un navire dans la cité grecque de Sinope. C'est là que je résidais alors, mais je ne voulais plus y rester : je désirais m'installer à Alexandrie. À son réveil, **Ptolémée** m'a envoyé le bateau que je lui avais demandé. Lorsque celui-ci a pénétré dans le port de Sinope, ma statue, qui s'élevait dans le temple de la cité, s'est mise en marche toute seule. Je suis descendu vers la mer à grandes enjambées et je me suis embarqué.

Après quelques jours de traversée, **Ptolémée** et sa cour sont venus m'accueillir en grande pompe dans le port d'Alexandrie. Une longue procession a transporté ma statue jusqu'au sommet de l'acropole que **Ptolémée** avait fait édifier en mon honneur, au sud de sa ville.

entre les peuples

Je me suis installé dans le plus grand temple d'Alexandrie, le Serapeum. Depuis, je protège la nouvelle capitale du pays, ses habitants et la dynastie des **Ptolémées**. Mais je cohabite harmonieusement avec tous les grands dieux égyptiens. Ma statue a été placée dans de nombreux temples dans toute l'Égypte ! »

Les humains et moi

Moi, Sérapis, je suis vraiment très attaché à la paix entre les hommes, à commencer par ceux, de diverses origines, qui vivent à Alexandrie. C'est moi qui fait le lien entre toutes les communautés, puisque tous me reconnaissent comme le grand dieu de leur ville.

J'admire les Alexandrins qui, à l'époque des Ptolémées, ont su vivre dans l'harmonie et le respect mutuel. Je suis très heureux que les Grecs et les Égyptiens aient fait de moi le dieu de cette société nouvelle, ouverte sur le monde et les échanges culturels.

J'admire aussi le génie des architectes d'Alexandrie qui, pour la première fois en Égypte, se sont inquiétés des conditions de vie de toute la population et pas seulement de l'élite et des rois. Ils ont aménagé des fontaines et des citernes pour offrir gratuitement à tous une eau pure et fraîche. Ils ont créé de luxuriants jardins ouverts à tous. Ils ont conçu des rues suffisamment larges pour être bien aérées et construit des égouts pour lutter contre l'insalubrité. La création d'Alexandrie est un vrai progrès pour l'humanité. Je suis vraiment très fier d'être le patron de cette magnifique ville !

LES ÉGYPTIENS ET ALEXANDRIE

À LA FIN DU IVE SIÈCLE, UNE NOUVELLE CIVILISATION VOIT LE JOUR. C'EST UN MÉLANGE DE CULTURE GRECQUE ET ÉGYPTIENNE, UNE CIVILISATION MÉTISSÉE. ALEXANDRIE, LA NOUVELLE CAPITALE DU ROYAUME, SUR LA CÔTE MÉDITERRANÉENNE, EST LE SYMBOLE DE CETTE RENCONTRE ENTRE LES DEUX PEUPLES.

En 332, le conquérant grec, Alexandre le Grand envahit l'Égypte alors occupée par les Perses. Il est accueilli en libérateur par les Égyptiens. Il fonde Alexandrie en 331. De nombreux Grecs s'y installent, ainsi que des milliers d'Égyptiens venus de la vallée du Nil. Les deux peuples cohabitent, puis ils finissent par se mélanger.

Les Ptolémées, de pères en fils

Après la mort d'Alexandre le Grand, son fidèle officier Ptolémée lui succède. Il se présente à ses sujets comme un pharaon grec, héritier des deux civilisations. Il fait orner la nouvelle capitale de l'Égypte de somptueux monuments. Le phare sera considéré comme une des sept merveilles du monde antique. Des sphinx et des obélisques décorent les abords de ce monument grandiose, à la fois grec et égyptien. On y admire aussi des statues de Ptolémée et de ses successeurs en pharaons. À leurs côtés, leurs épouses, dont la plus célèbre est Cléopâtre, sont vêtues comme la déesse Isis.

Le tombeau du fils d'Amon

Ptolémée fait momifier le cadavre d'Alexandre le Grand selon le rite égyptien. La momie est placée dans un magnifique tombeau en marbre, érigé au cœur d'Alexandrie. C'est à la fois une sépulture et un sanctuaire. Grecs et Égyptiens viennent y rendre hommage au conquérant, considéré comme le fils du grand dieu Amon. Des statues, des monnaies et des médailles représentent Alexandre en dieu portant sur la tête des cornes de bélier, animal sacré et fils d'Amon.

L'acropole de Sérapis

La capitale de l'Égypte des Ptolémées est confiée au dieu métissé, Sérapis. Celui-ci est honoré dans le Serapeum, le plus grand sanctuaire de la ville. Une chapelle du sanctuaire est dédiée à Isis dont Ptolémée a fait l'épouse de Sérapis. Une autre est consacrée à Horus l'Enfant, présenté comme le fils de Sérapis et d'Isis. Par tous ces cultes, Ptolémée veut montrer qu'il n'est pas un colon grec. Grecs d'Égypte et Égyptiens ne forment désormais plus qu'un seul et même peuple.

Venus de tous les horizons

Il y a 500 000 habitants à Alexandrie qui est la plus grande ville de la Méditerranée orientale, dépassant Athènes, Antioche ou Éphèse. Aux côtés des Égyptiens et des Grecs, vivent diverses minorités, notamment juive, arabe, nubienne, perse et même gauloise. Beaucoup de ces étrangers installés à Alexandrie sont des commerçants. D'autres sont recrutés comme mercenaires par les Ptolémées. Cléopâtre, dernière de la dynastie des Ptolémées, emploie des gardes du corps venus aussi bien d'Afrique noire que d'Europe.

▲ Alexandre le Grand. Monnaie d'argent. Époque ptolémaïque.

DÉDICACE BILINGUE

Les travaux du Serapeum d'Alexandrie, entrepris par Ptolémée Ier, sont terminés par son petit-fils, Ptolémée III. L'inscription qui date du jour de l'inauguration du sanctuaire a été retrouvée. Elle est écrite en deux langues : le grec et l'égyptien. Cette dédicace bilingue montre bien la dimension unificatrice du Serapeum qui était un lieu de culte commun pour les deux peuples de l'Égypte.

SÉRAPIS LE CONQUÉRANT

Après la chute des Ptolémées, en 30, et l'annexion de l'Égypte par Rome, le culte de Sérapis n'a pas disparu. Au contraire, le dieu unificateur est parti à la conquête de l'Italie et de l'Occident sur les navires romains. Son culte s'est répandu jusqu'en Gaule et en Bretagne où il a fait de nombreux adeptes.

▲ Vue de l'intérieur de la Bibliothèque d'Alexandrie. Gravure du XIXe siècle.

▲ Le phare d'Alexandrie d'après Adler. Berlin, 1901.

Merveilleux phare !

Le phare, merveille d'Alexandrie et du monde antique, est une tour en calcaire édifiée par l'architecte Sostrate de Cnide. Avec ses 120 mètres de haut, il s'agit du monument le plus élevé construit dans l'Antiquité. Le feu qui brillait au sommet était visible, par temps clair, par les navires qui se trouvaient jusqu'à 185 kilomètres du rivage.

◀ Buste en marbre de Ptolémée Ier. Époque ptolémaïque.

La grande Bibliothèque

Ptolémée fait édifier à Alexandrie une grande bibliothèque, première du genre. Sur ses rayons se trouvent, sous la forme de rouleaux de papyrus, des ouvrages en langue grecque autant qu'en égyptien. L'héritage littéraire et culturel des deux peuples peut y être consulté. Malheureusement, la bibliothèque a entièrement brûlé lors de la prise d'Alexandrie par Jules César, le conquérant romain.

Luxueux jardins

À Alexandrie, Ptolémée se fait construire un merveilleux ensemble de palais, entourés de jardins luxuriants et décorés d'œuvres d'art grecques et égyptiennes. Des sculptures en marbre importées de Grèce voisinent avec des colosses de granit pris dans les anciennes capitales pharaoniques de Thèbes, Memphis et Tanis. C'est un musée en plein air !

GÉNÉALOGIE DES DIEUX

La religion égyptienne est une mosaïque complexe de cultes et de divinités variés. Les dieux égyptiens n'ont pas beaucoup de relations entre eux. Indépendants les uns des autres, ils se rencontrent peu dans les mythes. Les Égyptiens adorent souvent des triades, c'est-à-dire des familles divines composées de trois divinités : un père, une mère et un fils. Amon, Mout et Khonsou à Thèbes, ou encore Ptah, Sekhmet et Néfertoum à Memphis, jouent ces différents rôles. Mais la triade la plus connue est celle qui est composée d'Osiris, Isis et Horus.

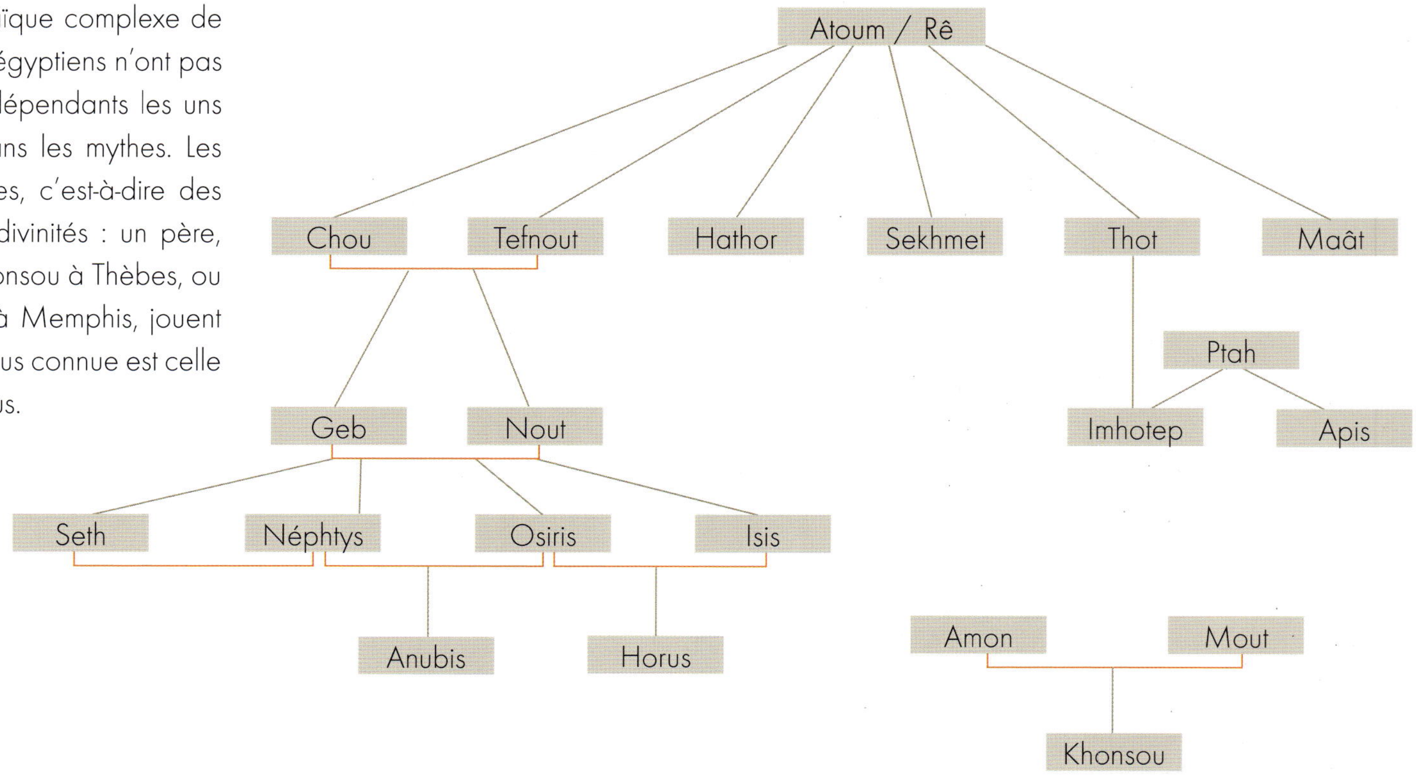

Légende :
union
enfants

AMON « LE CACHÉ » ET PTAH LE CRÉATEUR

Amon, dont le nom veut dire « le Caché », est un grand dieu du ciel dont le corps est toujours représenté en bleu. Coiffé d'un casque surmonté de deux hautes rémiges, il est adoré à Thèbes par les pharaons du Nouvel Empire qui le confondent avec Rê sous le nom d'Amon-Rê. Ptah est le grand dieu créateur du monde et des hommes, adoré à Memphis. Il est coiffé d'un bonnet, comme les artisans, et vêtu d'une gaine moulante. Au Nouvel Empire, les Égyptiens l'ont confondu avec Atoum-Rê.

DIVINITÉS FEMELLES

À côté des grandes déesses, certaines divinités féminines considérées comme secondaires n'en sont pas moins redoutables ou puissantes, comme Héqet qui peut prendre l'apparence d'une grenouille, ou Thouéris, une hippopotame femelle à gueule de crocodile. Le succès ou non d'un accouchement, la guérison d'une maladie grave dépendent de leur bon vouloir.

▲ ***Bas-relief représentant Aménophis IV-Akhenaton rendant hommage au dieu Aton, 1352-1338 av. J.-C.***

ATON, LE SOLEIL RAYONNANT

Aton est un dieu solaire dont le culte a été imposé en Égypte, pendant 20 ans environ, par le pharaon réformateur Akhenaton. Considéré comme le créateur du monde, des hommes, des animaux et de la nature, Aton est le seul dieu égyptien qui n'a aucune forme humaine ni animale. On le représente seulement sous l'aspect d'un disque solaire avec des rayons se terminant par des mains qui tendent le symbole de la vie.

ENCORE UN CRÉATEUR : KHNOUM

Khnoum, le dieu à tête de bélier, est adoré à Éléphantine en Haute-Égypte, près de la première cataracte. De même que Ptah et Atoum, il est vu comme le créateur du monde. Mais, à la différence des autres dieux, c'est sur un tour de potier qu'il aurait créé l'Égypte et les hommes.

GLOSSAIRE

Atef : couronne d'Osiris constituée de joncs et entourée de deux plumes d'autruche.

Ba : partie de l'âme qui s'élève dans le ciel, après la mort, pour rejoindre le Per Djet.

Calame : tige de roseau que les scribes trempaient dans de l'encre pour écrire.

Canope : vase dans lequel les prêtres modificateurs plaçaient les viscères du mort.

Djed : pilier représentant la colonne vertébrale d'Osiris, symbole de stabilité et de renaissance.

Hiéroglyphe : signe servant à transcrire la langue égyptienne antique.

Idéogramme : petit dessin représentant une idée. La plupart des hiéroglyphes sont des idéogrammes.

Ka : partie de l'âme qui reste dans le tombeau, à la différence du ba.

Mastaba : tombeau constitué d'une chapelle et d'un caveau souterrain couverts par un banc de briques ou de pierres de forme rectangulaire.

Menat : collier de la déesse Hathor, symbole de la féminité.

Oushebti : statuette placée dans le tombeau, à côté du sarcophage et de la momie. Elle devait se transformer en serviteur et travailler pour le mort, une fois qu'il aurait ressuscité dans le Per Djet.

Papyrus : papier très souple produit à partir de fibres végétales.

Per Djet : « Domaine Perpétuel », paradis des Égyptiens sur lequel régnait le dieu des morts, Osiris.

Pschent : double couronne pharaonique, rouge et blanche, symbolisant la réunion de la Haute et de la Basse-Égypte.

Sarcophage : cercueil de forme humaine dans lequel on plaçait la momie.

Sistre : sorte de hochet en bronze servant d'instrument de musique. On l'agitait lors des cérémonies religieuses.

Crédit photos des dieux

Leemage

p12 : le dieu Rê accroupi tenant la plume de Maat. Sculpture en bois, Nouvel empire (vers 1550-1069 av. J.-C.). Paris, Musée Du Louvre, Photo Josse - p16 : repose-tête en ivoire représentant le dieu Chou, provenant du trésor de Toutankhamon, 18e dynastie, Le Caire, musée égyptien, Luisa Ricciarini - p20 : Chou, dieu de l'air, sépare Geb et Nout (symbole de l'air entre la terre et le ciel). Reproduction des décors d'un sarcophage, North Wind Pictures - p28 : statue de la déesse Sekhmet à tête de lionne, Photo Josse - p36 : statuette en bronze du dieu Osiris, musée d'archéclogie méditerranéenne, Marseille, Jean Bernard - p40 : statuette en bronze représentant Isis et Horus enfant, Basse époque (750-30 av. J.-C.), musée d'archéologie méditérranéenne, Marseille, Jean Bernard - p48 : statue de bronze du dieu Horus levant les bras pour verser le vase d'eau de purification, troisième période intermédiaire (vers 1069-664 avant JC), Paris, musée du Louvre, Luisa Ricciarini - p56 : relief representant Khonsou, temple funéraire dedié au pharaon Ramses II (1279-1213 av. JC), site de Ramasseum, Louxor, Egypte, Luisa Ricciarini - p60 : taureau Apis en calcaire provenant du Serapeum de Memphis, basse époque (664-332 av. JC), Paris, musée du Louvre, Photo Josse - p64 : statuette d'Imhotep, 18e dynastie, (1530-1290 av. J.-C.), vallée des Nobles, Louxor, rive occidentale, Egypte, Luisa Ricciarini - p68 : déesse Maât sur fresque, tombe de Sethi Ier, 19e dynastie, Luxor, vallée des rois. Egypte, Luisa Ricciarini - p72 : Buste en marbre de Sérapis, musée Gréco romain d'Alexandrie, Egypte, Aisa.

Corbis

p8 : Atoum, seigneur d'Héliopolis sur un bas-relief, 1900 av. J.-C., Roger Wood - p24 : statuette en faïence du dieu Thot, Gianni Dagli Orti - p32 : statuette en bronze de la déesse Hathor, 664-30 av. J.-C., Brooklyn Museum - p44 : statue du dieu Anubis, Christie's Images - p52 : Seth en relief, base de trône, Gianni Dagli Orti - Couverture : Sandro Vannini (le pharaon Séti Ier et le dieu Horus-Rê, tombe du pharaon Séti Ier, vallée des rois, Thèbes).

Crédit photos documentaires

Leemage

p10 (h) Imagestate - p10 (b) Photo Josse - p11 (hd) Photo Josse - p11 (b) Luisa Ricciarini - p14 (h) Photo Josse - p15 (hg) Aisa - p15 (b) Aisa - p15 (hd) Marthelot - p18 (b) Photo Josse - p19 (h) Photo Josse - p19 (b) Photo Josse - p22 (b) Marthelot-p23 (h) Luisa Ricciarini - p23 (b) Heritage Images - p26 (h) Photo Josse - p27 (hg) Luisa Ricciarini - p27 (hd) Luisa Ricciarini - p27 (b) Aisa - p30 (h) Aisa - p31 (hg) Luisa Ricciarini - p31 (hd) Heritage Images - p34 (h) Photo Josse - p35 (hg) Luisa Ricciarini - p35 (hd) Photo Josse - p35 (b) farabola - p38 (b) Photo Josse - p39 (h) Photo Josse - p39 (b) Photo Josse - p42 (h) Aisa - p43 (h) Luisa Ricciarini - p43 (md) Luisa Ricciarini - p43 (b) Jemolo - p47 (bg) Photo Josse - p47 (d) Photo Josse - p47 (h) Marthelot - p46 (b) Jemolo - p50 (h) Jemolo - p51 (hd) Jemolo - p51 (hg) Luisa Ricciarini - p51 (b) Heritage Images - p55 (hg) Jean Bernard - p55 (hd) Luisa Ricciarini - p55 (m) Luisa Ricciarini - p55 (b) Aisa - p 58 (h) Aisa - p 59 (hd) Guglielminotti - p 59 (hg) heritage Images - p 59 (b) Aisa - p 62 (h) Phcto Josse - p 63 (hg) Photo Josse - p 63 (hd) Luisa Ricciarini - p 63 (m) Luisa Ricciarini - p 63 (bg) Luisa Ricciarini - p 66 (b) Aisa - p 67 (hg) Heritage images - p 67 (hd) Photo Josse - p 67 (b) Photo Josse - p 70 (h) Photo Josse - p 71 (h) Photo Josse - p 71 (b) Jemolo - p 75 (b) Photo Josse/Leemage - p 74 (h) Costa/Leemage - p 75 (hg) Costa/Leemage - p 75 (hd) Selva/Leemage - p 76 Aisa.

Conception graphique et mise en page : Fanny Pallaro
Relecture et correction : Anne Caillère
Photogravure : MPP-Toulouse
Merci à notre historien passionné, Henri Del Pup, pour sa relecture attentive.

Dépôt légal : 3e trimestre 2010
ISBN : 978-2-7459-4340-8
Imprimé par DZS Grafik en Slovénie

2500 2000 1500 1000 500

CHRONOLOGIE HISTORIQUE

(d'après Jean-Louis Podvin, *L'Égypte ancienne*, ellipses, Paris, 2009). Les pharaons sont regroupés à l'intérieur de dynasties. Les dates sont toutes approximatives.

3150–2700

Époque thinite

1re dynastie

Narmer

2700–2200

Ancien Empire

3e dynastie

Djoser

4e dynastie

Khéops
Khéphren
Mykérinos

2200–2060

Première période intermédiaire

2060–1800

Moyen Empire

11e dynastie

Mentouhotep

12e dynastie

Amenemhat 1er
Sésostris 1er
Sésostris III

1792–1550

Deuxième période intermédiaire

15e dynastie (rois Hyksos)

Yakoubher

17e dynastie

Sekenenrê Taâ

1550–1069

Nouvel Empire

18e dynastie

Ahmès
Aménophis 1er
Hathepsout
Thoutmôsis III
Aménophis III
Aménophis IV-Akhenaton
Toutankhamon
Horemheb

19e dynastie

Séthi 1er
Ramsès II
Merenptah

20e dynastie

Sethnakht
Ramsès III
Ramsès VI

1069–332

Basse Époque

26e dynastie

Psammétique 1er
Nékhao II

27e dynastie (rois perses)

Cambyse

Égypte hellénistique

332–323

Alexandre le Grand

323–30

Dynastie des Ptolémées

Ptolémée 1er
Ptolémée III
Cléopâtre